Friedrich-Karl Emmrich
Christian Kaminski

Selbstorganisation – professionell und zielorientiert

Für meine Tochter Sina

Friedrich-Karl Emmrich

Friedrich-Karl Emmrich
Christian Kaminski

Selbstorganisation – professionell und zielorientiert

REDLINE WIRTSCHAFT
bei verlag moderne industrie

Die Deutsche Bibliothek – CIP-Einheitsaufnahme

Emmrich, Friedrich-Karl:
Selbstorganisation – professionell und zielorientiert / Friedrich-Karl Emmrich und Christian Kaminski. – München : Redline Wirtschaft bei Verl. Moderne Industrie, 2002
(Workline)
ISBN 3-478-86019-9

http://www.redline-wirtschaft.de

Gesamtgestaltung: Karin Büchner, München
Umschlaggestaltung: mi, Jürgen Echter
Satz: Fotosatz H. Buck, Kumhausen
Druck: Himmer, Augsburg
Bindearbeiten: Thomas, Augsburg
Printed in Germany 86019/030201
ISBN 3-478-86019-9

Inhalt

Vorwort

Freiheitlichkeit, Spaß und Effizienz – diese drei Werte sind die führenden Trainingsprinzipien unseres Trainingsinstituts, GABO mbH in Bonn (www.gabo-training.de).

Freiheitlichkeit:
Die Freiheit, Zeit für die Dinge zu finden, die einem – ganz persönlich – wichtig sind. Wer nur »nach der Pfeife anderer tanzt«, wird sich immer nur »gelebt« fühlen. Freiheit, selbst über die Nutzung der eigenen Zeit zu entscheiden, ist ausschlaggebend für ein erfülltes Leben. Für die Trainingsdurchführung bedeutet das: prozessorientiertes Arbeiten.

Spaß:
Dass Spaß oder vielleicht noch treffender gesagt »Lebensfreude« für die eigene Zufriedenheit, das eigene Glück, wesentlich ist, leuchtet unmittelbar ein. Wie kann man sein Leben so gestalten, dass Spaß und Lebensfreude einen höheren Stellenwert erhalten? Im Seminar heißt das: Lernen mit Freude – erlebnisorientiert Lernen.

Effizienz:
Erfolg heißt immer: die eigenen Ziele erreichen. Effizienz, d.h. möglichst geschickt große Wirkungen zu entfalten, ist der Schlüssel zu einem erfolgreichen Leben. Die Effizienz eines Seminars messen wir an der Umsetzung (Lerntransfer).
Um diese zentralen Werte verwirklichen zu können, ist die Fähigkeit, sich selbst effektiv zu organisieren von zentraler Bedeutung. Raum für Freiheit, Zeit für Lebensfreude, Erfolge erreichen, all das kommt nicht von selbst, sondern ist das Ergebnis konkreten Handelns. Dieses Buch soll Ihnen helfen, Freiheitlichkeit, Spaß und Effizienz in Ihrem Leben auf Ihre ganz persönliche Art zu verwirklichen. Es soll für Sie ein Beitrag zu einer befriedigenden und erfüllenden Lebensweise sein.
Dieses Buch hätte nicht entstehen können ohne die Hilfe und die Beiträge einer Vielzahl von Personen und Persönlichkeiten. Ihnen gilt unser Dank, wenn wir heute mit diesem Buch Wege zu einer effektiveren Selbstorganisation aufzeigen können.

Wir danken …

- unseren vielen Seminarteilnehmern und Kunden, die konkrete Situationen lieferten, in denen es galt, effektive Selbstorganisation anwendbar zu machen;
- den Trainern, Mitarbeitern und Praktikanten, die einen Teil der hier dargestellten Selbstorganisationsmöglichkeiten beigesteuert haben und so mit diesem Buch eine umfassende

Sammlung wirkungsvoller Techniken ermöglichten – stellvertretend für alle sei hier Dr. Walter Stienen genannt, der eine ganze Reihe von Unterlagen für Trainings und Seminare der GABO entwickelt hat;

- Frau Kerstin Gawenda, die das Entstehen dieses Buches in allen Phasen mit großem Engagement begleitet hat;
- Sina, Benedikt, Ines und Fabian, unseren Lebenspartnern und Kindern, die uns besonders deutlich machen, dass Zufriedenheit nur in einem Leben zu finden ist, in dem der Beruf das Privatleben nicht »auffrisst«, und die uns gleichzeitig Zeit und Raum gaben, dieses Buch entstehen zu lassen;
- und schließlich auch all denen, die an uns persönlich immer wieder »normale« alltägliche Anforderungen stellen und uns selbst so die Wichtigkeit einer effektiven Selbstorganisation vor Augen führen.

Wir wünschen Ihnen viel Freude beim Lesen des Buches und eine erfolgreiche praktische Umsetzung der Inhalte.

F.-K. Emmrich und C. Kaminski
Im Februar 2002

Was ist Selbstorganisation?

Regel Nummer 1

Drei Grundprinzipien

1

Selbst das Steuer führen

Konzentration auf Prioritäten

Selbstorganisation umsetzen

Selbstorganisation – wozu?

Kennen Sie die folgenden Situationen?

Mangelnde Selbstorganisation: Symptome

- Die Arbeit frisst Sie auf. Familie und Hobbys kommen schon seit Langem zu kurz. Und manchmal spüren Sie, dass Ihre Motivation bei dieser Einseitigkeit stetig absinkt.
- Sie kommen von der Arbeit nach Hause. Sie fühlen sich geschafft und vor allem: unbefriedigt. Den ganzen Tag haben Sie geschuftet. Korrespondenz, Meetings, Ablage ... Aber wenn Sie sich fragen, was Sie heute erreicht haben, ist da nur ein leeres Gefühl.
- Termine und To-Do's, Teambesprechungen, Projektfristen, die Grillparty bei den Nachbarn, das Fahrrad der Tochter muss noch repariert werden – und schon wieder den Hochzeitstag vergessen. Ist aber auch nicht so schlimm: Für ein romantisches Abendessen wäre ohnehin keine Zeit gewesen.
- Oder etwas Vergleichbares?

Nicht treiben lassen, sondern steuern

Selbstorganisation als »Zukunftskompetenz«

Mit diesen Problemen stehen Sie nicht allein da. Fast möchte man sagen, dass es sich dabei um die Symptome einer weit verbreiteten Zivilisationskrankheit handelt. Stress, Hektik, Demotivation, gar Burn-Out greifen immer weiter um sich. Dabei ist davon auszugehen, dass diese Probleme eher noch zunehmen – Zukunftsforscher gehen heute davon aus, dass wir in immer kleineren Strukturen arbeiten werden, dass immer mehr Selbstständigkeit und Eigenverantwortung gefordert werden. Der Mitarbeiter wird zu seinem eigenen Unternehmer. Die Fähigkeit, sich selbst organisieren zu können, wird zu einer zentralen Anforderung im Berufsleben der Zukunft. Werden auch Sie dann immer mehr Stress und Hektik haben?
Tatsache ist: So muss es nicht sein. Die Zeit ist wie ein großer und schneller Fluss. Sie lässt sich nicht aufhalten, sie verrinnt. Die Frage ist, ob Sie hilflos in den Fluten treiben oder als Steuermann mit sicherer Hand Ihr Boot über die Fluten führen. Lassen Sie sich nicht von der Zeit beherrschen, sondern beherrschen Sie die Zeit, das Leben. Der Schlüssel dazu heißt: Selbstorganisation. Der Gewinn: ein erfolgreicheres, ausgeglicheneres und glücklicheres Leben.

Was ist Selbstorganisation?

Effektive Selbstorganisation ist im Grunde eine sehr einfache Sache. Tatsächlich gibt es streng genommen nur eine einzige Regel, die konsequent beachtet werden muss. Diese Regel lautet:

REGEL NUMMER 1

Frage Dich vor allem, was Du tust:
»Muss ich das jetzt so tun?«

Diese Frage umfasst alles, was für eine effektive Selbstorganisation wichtig ist. Um diese Frage allerdings richtig stellen und beantworten zu können, braucht man eine Reihe wichtiger Denkweisen und Techniken. Davon handelt dieses Buch. Schauen wir uns Regel Nummer 1 also noch einmal etwas genauer an:

Zielsetzung

Muss ich dass jetzt so tun? Wird das Wort »muss« in der Frage besonders betont, dann geht es darum, ob wir überhaupt die richtigen Dinge tun. Der Grund für das Unbefriedigtsein, für Demotivation, für den ständigen Eindruck, nichts Bedeutendes geschafft zu haben, liegt darin, dass häufig Energie für unnötige Tätigkeiten verschwendet wird. Tag für Tag wird »geschuftet«, »Eimer voll Schweiß« werden vergossen, Erfolg aber spürt man nicht.

Woher weiß man aber nun, welche Tätigkeiten es wert sind, Zeit und Energie dafür zu investieren? Erfolg bedeutet, dass man seine Ziele erreicht. Um seine Ressourcen (Zeit, Energie) richtig einsetzen zu können, muss man sich also über seine Ziele im Klaren sein. Sie sind das Kriterium dafür, ob eine Tätigkeit es wert ist, ausgeführt zu werden. Die Grundlage erfolgreicher Selbstorganisation ist Zielorientierung, Denken in Zielen. In Kapitel 3 dieses Buches werden Sie lernen, wie Sie eigene, wertvolle Ziele für sich entwickeln können und wie Sie die Wege finden, um Sie zu erreichen.

Regel Nummer 1: Muss ich das jetzt so tun?

Erfolg = Ziele erreichen

Arbeitsmethodik

Muss **ich** das jetzt **so** tun? Die Wörter »ich« und »so« berühren Fragen der richtigen Arbeitsmethodik. Müssen Sie z.B. wirklich alles, was Sie zur Zeit tun, unbedingt selbst erledigen? Die vielleicht beste Möglichkeit, Zeit für wichtige Dinge zu haben, ist das Delegieren. Lassen Sie andere möglichst viel von dem erledigen, was zu tun ist. So gewinnen Sie Raum für das, was wirklich wichtig ist. Erledigen Sie alles so effizient wie möglich? Erreichen Sie bei Ihren Tätigkeiten Erfolge mit möglichst geringem Aufwand? Ein Beispiel: Experten schätzen, dass in Büros etwa vier Wochen im Jahr nach Unterlagen gesucht wird. Eine Möglichkeit, Aufwand und Erfolg der eigenen Arbeitsleistung in ein besseres Verhältnis zu bringen, ist die Nutzung professioneller, effizien-

Delegieren & Rationalisieren

ter Ordnungs- und Ablagesysteme. Effektives Delegieren und Arbeitstechniken, mit denen Sie mit möglichst geringem Aufwand möglichst viel erreichen, lernen Sie in Kapitel 4 kennen.

Zeitplanung

Alles zu seiner Zeit ...

Muss ich dass **jetzt** so tun? Betont man das Wort »jetzt«, so gilt die Frage dem richtigen Zeitpunkt. Wie kann ich meine Zeit so planen, dass ich die Tätigkeiten, die mir wichtig sind, auch ausführen kann? Dass Termine und wichtige Dinge (der Hochzeitstag) dann nicht mehr unter den Tisch fallen, ist dabei nur der geringste Erfolg. Wenn die richtigen Zielsetzungen das Fundament einer erfolgreichen Selbstorganisation bilden und die effizientesten Arbeitstechniken das Handwerkszeug sind, so geht es bei der Zeitplanung nun darum, Stein für Stein aufeinander zu setzen. So schaffen Sie sich die Zeit, um wichtige Dinge ausführen zu können. Wie Sie einfach effektiv und ohne chaotische Termin-Zettelwirtschaft erfolgreich Ihre Zeit planen, erfahren Sie in Kapitel 5.

VOR JEDER TÄTIGKEIT DIE FRAGE STELLEN: MUSS ICH DAS JETZT SO TUN?

Muss ich das jetzt so tun? ⇒ Ist die Tätigkeit wichtig? ⇒ Zielsetzung
Muss **ich** das jetzt so tun? ⇒ Kann ich delegieren? ⇒ Arbeitstechnik
Muss ich das jetzt **so** tun? ⇒ Kann ich rationalisieren? ⇒ Arbeitstechnik
Muss ich das **jetzt** so tun? ⇒ Wann ist der geeignete Zeitpunkt? ⇒ Zeitplanung

Drei Prinzipien für erfolgreiche Selbstorganisation

Muss ich das jetzt so tun? Diese zentrale Frage umfasst die drei Bausteine einer erfolgreichen Selbstorganisation: Zielsetzung, Arbeitsmethodik und Zeitplanung. Um diese drei Bausteine richtig anzuwenden, müssen Sie drei weitere wichtige Prinzipien kennen: Das Initiative-Prinzip, das Pareto-Prinzip und das Eisenhower-Prinzip.

Das Initiative-Prinzip

Steuern Sie selbst Ihr Schiff über den Fluss der verrinnenden Zeit. Das Wichtigste, was Sie dazu brauchen, ist ein Richtungsweiser. Auch der beste Seemann macht keine gute Figur, wenn er ratlos in der Gegend herumschippert. Wer allerdings weiß, wo er hin will, kann zügig darauf zusteuern und sich über das Ankommen freuen.
Wann immer wir tätig sind bzw. arbeiten – sei es im Beruf oder im Privatleben – geben wir etwas von unserer begrenzten Lebenszeit. Aber Arbeit ist kein Ziel an sich, es ist nur eine Methode. Die Frage ist, was Sie mit der Arbeit(szeit) erreichen wollen. Wohin geht Ihre Reise, wohin wollen Sie Ihr Schiff steuern? Was wollen Sie in Ihrem Leben erreichen – im Beruf, privat, als ganze Person?
Die Antworten auf diese Fragen werden Ihnen helfen, sich effektiv selbst zu organisieren. Es geht nicht in erster Linie darum, Dinge richtig bzw. schnell zu tun (Effizienz), sondern, die richtigen Dinge zu tun (Effektivität). Nehmen Sie sich jetzt ein wenig Zeit, um eine grobe Richtungsbestimmung für Ihr Leben vorzunehmen – beruflich wie privat. Die Fragen im unten stehenden Kasten werden Ihnen dabei helfen. In Kapitel 3 werden wir uns noch ausführlicher mit Ihren Träumen und Zielen befassen.

FÜHREN SIE TAGEBUCH

- Was will ich persönlich erreichen – beruflich und privat?
- Warum gebe ich einen Teil meiner Lebenszeit dafür?
- Wie viel Zeit will ich wofür wirklich investieren?

Wenn Sie diese Fragen beantwortet haben, haben Sie bereits einen ersten persönlichen Richtungsweiser entwickelt. Sie wissen, wohin die Reise gehen soll. Sie wissen, was Sie wollen und was nicht. Sie können jetzt die Initiative ergreifen und auf Ihre Ziele zusteuern. Nur wenn Sie selbst für Ihre Ziele aktiv werden, können Sie erfolgreich und zufrieden werden. Wer seine Zeit nicht selbstbestimmt organisiert, wird von anderen bestimmt. Die eigenen Ziele, die eigene Zufriedenheit bleiben da schnell auf der Strecke. Mit Ihrem Richtungs-

Selbst steuern!

weiser sind Sie in der Lage, selbst auf das zuzusteuern, was für Sie wichtig ist. Wenn wir uns nun den anderen beiden Prinzipien zuwenden, wird oft die Rede von »wichtigen« Aufgaben sein. Wichtig sind Dinge, wenn sie dazu beitragen, dass Ihre Wünsche und Ziele Wirklichkeit werden. Dabei darf man allerdings nicht zum Egoisten mutieren. Wer nur noch an sich selbst denkt, wird in einer Welt des Zusammenlebens niemals wirklich glücklich werden können.

Konzentration auf das Wichtige

Das Pareto-Prinzip

Dieses Prinzip trägt den Namen des italienischen Volkswirtschaftlers Vilfrede Pareto. Pareto entdeckte, dass 80 % des Volkseinkommens von 20 % der Bevölkerung gehalten werden. Dieses 80:20-Verhältnis wurde in der Folge auch in vielen anderen Zusammenhängen entdeckt. Für die Selbstorganisation bedeutet das Pareto-Prinzip, dass 80 % des Erfolges mit 20 % des Aufwandes erreicht werden können. Etwas konkreter: Wenn ich alle zehn Aufgaben auf meiner To-Do-Liste erledigt habe, habe ich 100 % Erfolg erzielt. Nun ist es aber so, dass ich mit den zwei wichtigsten Aufgaben schon etwa 80 % des gesamten Erfolges erreichen kann. Die übrigen, weniger wichtigen acht Aufgaben tragen dann schließlich nur noch 20 % des Gesamterfolges bei. Um möglichst schnell möglichst viel erreichen zu können, ist es also notwendig, sich zuerst auf die wichtigsten Aufgaben zu konzentrieren, auf die, die am meisten zum Gesamterfolg beitragen. Welche das sind, werden Sie im dritten Kapitel erfahren, wenn es darum geht, Ziele zu setzen.

Das Eisenhower-Prinzip

Eine einfache, aber effektive Anwendung des Pareto-Prinzips wird dem amerikanischen Präsidenten Eisenhower zugesprochen. Sein Geheimnis: Er beurteilte alle anfallenden Aufgaben nach Wichtigkeit und Dringlichkeit.

DAMIT ERGEBEN SICH VIER KATEGORIEN VON AUFGABEN

- A-Aufgaben: wichtig und dringend
- B-Aufgaben: wichtig, aber nicht dringend
- C-Aufgaben: nicht wichtig, aber dringend
- D-Aufgaben: nicht wichtig und nicht dringend

Die beste Möglichkeit, Zeit zu gewinnen, besteht darin, die Anzahl der zu erledigenden Aufgaben zu reduzieren. Für viele D-Aufgaben ist der beste Platz der Papierkorb. Das ist ein mutiger Schritt – oft trauen wir uns nicht, dass, was sich auf unserem Schreibtisch angesammelt hat, einfach wegzuwerfen. Stellen Sie sich einfach die Frage: »Was geschieht, wenn diese Aufgabe nicht erledigt

wird?« Beurteilen Sie objektiv, ob die Konsequenzen es rechtfertigen, Zeit für diese Aufgabe aufzuwenden. Von den übrig gebliebenen D-Aufgaben versuchen Sie so viele wie möglich zu delegieren. Denken Sie daran: Diese Aufgaben sind für Sie nicht wichtig.
Ähnliches gilt für C-Aufgaben. Auch diese sind nicht wichtig für Sie, für Ihren Erfolg, bzw. für das, was eigentlich von Ihnen erwartet wird. Da sie dringend sind, besitzen sie allerdings offensichtlich einen Wert für andere Personen. Versuchen Sie also auch hier so viele wie möglich zu reduzieren. Sagen Sie Nein, wenn diese Aufgaben an Sie herangetragen werden. Delegieren Sie. Versuchen Sie sie langfristig zu eliminieren oder zumindest Möglichkeiten zu finden, wie diese Aufgaben mit weniger Aufwand bearbeitet werden können (Rationalisieren).
Oft lassen wir uns auch nur allzu gerne von der Bearbeitung der wirklich wichtigen Aufgaben ablenken, weil die unwichtigen C- und D-Aufgaben einfach mehr Spaß machen oder vielleicht weniger Verantwortung mit sich bringen.
Nun zu den wichtigeren Aufgaben: A und B. Welche sind hier bevorzugt anzugehen? Nach dem klassischen Eisenhower-Prinzip würde man sagen: Die wichtigen und dringenden A-Aufgaben. Das ist fast richtig. A-Aufgaben sind wichtig, man erreicht also viel durch ihre Bearbeitung (Pareto-Prinzip!). Sie sind dringend, ihr Nichterledigen führt also zu Stress und Problemen. Die Krux bei der Sache: Eine absolute Konzentration auf A-Aufgaben, wie es das klassische Zeitmanagement lehrt, macht uns zum Krisenmanager. Drängende (wichtige) Probleme werden bearbeitet. Und nach dem bearbeiteten Problem wartet bereits das nächste. Dauerhaft dafür zu sorgen, dass Probleme nicht entstehen, ist meist nicht wirklich dringend. Es handelt sich hier um eine B-Aufgabe. B-Aufgaben sind strategische Aufgaben, Aufgaben mit einer langfristigen Perspektive.
Nicht die unmittelbare Problemlösung steht im Mittelpunkt, sondern der Erfolg in der Zukunft. Wer sich allein auf A-Aufgaben konzentriert, wird nicht wirklich erfolgreich sein, denn die wirklich Erfolg versprechenden Aufgaben sind B-Aufgaben. Was heißt das also? Zeit und Energie müssen sowohl auf A-Aufgaben als auch auf B-Aufgaben konzentriert werden.

Das Wichtige vor dem Dringenden erledigen!

A+B

»Aber ich habe so viele drängenden Probleme, dass mir gar keine Zeit für B-Aufgaben bleibt!« Aber: Kundentermine oder Gespräche mit Kollegen und Vorgesetzten werden in der Regel doch auch dann eingehalten, wenn andere Probleme drängen. B-Aufgaben sind mindestens ebenso wichtig wie solche Gespräche. Warum nicht einfach »Termine mit sich selbst« machen? Planen Sie für

Ihre B-Aufgaben also feste Zeiträume ein, die Sie als ebenso unumstößlich betrachten wie beispielsweise Gesprächstermine. Wir werden in Kapitel 5 noch einmal darauf zurückkommen.

Die wichtigste Regel nach dem Eisenhower-Prinzip lautet also: Das Wichtige kommt vor dem Dringenden! Konzentrieren Sie Ihre Zeit und Energie auf A- und B-Aufgaben. Versuchen Sie, C- und D- Aufgaben soweit wie möglich zu delegieren, zu rationalisieren, zu eliminieren oder zumindest hintenanzustellen.

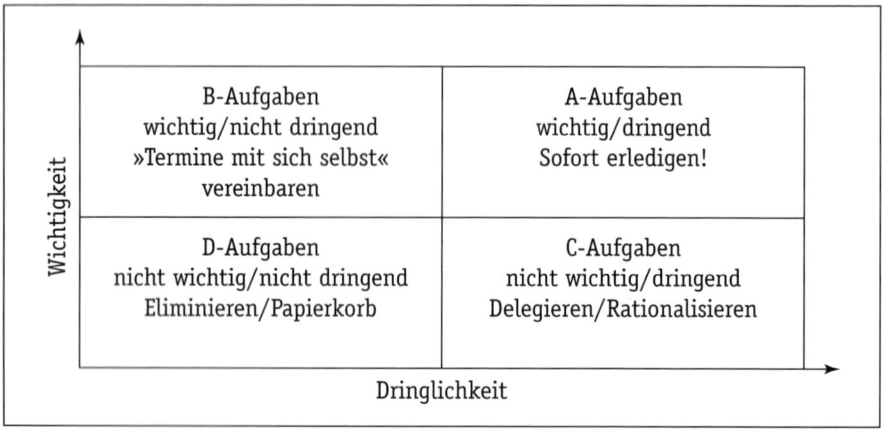

Abbildung 1: Das Eisenhower-Prinzip: Das Wichtige vor dem Dringenden tun!

Das Wichtige kommt vor dem Dringenden.

Vom Wissen zum Handeln

»Es gibt nichts Gutes, außer man tut es«, hat Erich Kästner einmal geschrieben. Wissen über effektive Selbstorganisation zu sammeln, indem man ein Buch liest, ist eine Sache – sich selbst zu organisieren eine ganz andere. Vielleicht macht es sogar großen Spaß, über Möglichkeiten einer effektiven Selbstorganisation zu lesen. Viele Probleme scheinen dann auf den ersten Blick ganz einfach gelöst. Wer aber die eine oder andere Technik nur ein oder zwei Tage anwendet und dann wieder in den alten Trott verfällt, der darf sich nicht wundern, wenn er in Bezug auf Effektivität und Zufriedenheit langfristig nichts oder nur sehr wenig erreicht.

Um sich erfolgreich selbst zu organisieren, reicht ein bloßes Lesen nicht aus. Das Wissen muss an die eigene Situation angepasst und verarbeitet werden. Und die dabei gewonnenen Einsichten müssen zur Handlung führen: »Es gibt nichts Gutes, außer man tut es.«

Es gibt nichts Gutes, außer man tut es …

Ein Lernbündnis

Schließen Sie ein Lernbündnis mit uns bzw. mit diesem Buch. Dieses Buch kann für Sie ein Berater, Trainer oder Coach sein. Unser Anteil wird es sein, Ihnen Informationen, Impulse und Denkanstöße zu geben. Wenn diese Ihr Leben positiv verändern wollen, müssen Sie selbst aktiv werden. Dann darf dieses Buch kein Schmöker bleiben, sondern muss ein Arbeitsbuch werden. Ihr Anteil an unserm Lernbündnis wird es also sein, die hier beschriebenen Zusammenhänge und Techniken auf deren Anwendbarkeit in Ihrem Leben hin zu untersuchen, sie zu durchdenken und anzupassen und dann konsequent aktiv umzusetzen.

Sie werden zu Ihrer Unterstützung dabei in jedem Kapitel Übungen, Checklisten, Selbstanalyse-Bögen und weiteres Material finden. Bearbeiten Sie diese Übungen ernsthaft und intensiv. Und vor allem – bearbeiten Sie diese Übungen schriftlich! Lesen Sie jetzt nicht mehr weiter, bevor Sie sich nicht einen Stift und ein Blatt Papier oder ein Notizbuch geholt haben! Bewahren Sie das Schreibmaterial immer mit dem Buch zusammen auf. Sie werden sich niemals alles merken können, was Ihnen beim Lesen und Nachdenken durch den Kopf geht – also führen Sie Buch über Ihre Ideen und Fortschritte. Schriftliches Arbeiten ist ein guter Anfang für effektive Selbstorganisation. Machen Sie Ihre Notizen in das Buch oder heben Sie Ihre Notizblätter auf und schauen Sie das Geschriebene von Zeit zu Zeit noch einmal durch. Wenn Sie die Übungen überspringen, haben Sie das Buch schneller durchgelesen – aber Sie werden kaum Gewinn daraus ziehen.

Selbstorganisation lernen

Nicht selten wird es so sein, dass gerade die Arbeitsblöcke eine zentrale Rolle einnehmen, die Ihnen am schwierigsten oder umfassendsten erscheinen. Das gilt z.B. für Kapitel 3 »Zielsetzung«. Dieses Kapitel ist der wichtigste Teil dieses Buches. Erinnern Sie sich an das Pareto-Prinzip. Wenn Sie die Aufgaben zur Zielsetzung gewissenhaft bearbeitet haben, ist bereits der wichtigste und zum Erfolg führende Schritt für eine effektive Selbstorganisation getan. Überspringen Sie also dieses Kapital auf keinen Fall – auch wenn es Ihnen zunächst mühevoll erscheint!

Unser Teil des Lernbündnisses sind die Impulse und Informationen in diesem Buch. Was bringen Sie in das Lernbündnis ein? Was sind Ihre Erwartungen, zu welchem aktiven Beitrag sind Sie bereit?

Sofort aktiv werden!

Bitte bearbeiten Sie dazu den folgenden Kasten »Lernbündnis« – dabei hilft es Ihnen vielleicht, wenn Sie vorher das Buch einmal kurz durchblättern.

Zwei wichtige Hilfsmittel sollen Sie noch kennen lernen, bevor wir beginnen, an Ihrer Selbstorganisation zu arbeiten: die Jetzt-oder-nie-Frage und den Ideen-Speicher. Beide Übungen werden Ihnen bei nahezu jedem Thema begegnen.

Die Jetzt-oder-nie-Frage

Wir schieben Arbeiten nur allzu gerne auf die lange Bank. Und diese wird immer länger, je wichtiger, aber weniger dringend die Arbeiten sind. Erinnern Sie sich noch an die B-Aufgaben beim Eisenhower-Prinzip. Tätigkeiten, die dazu führen, dass Sie sich besser selbst organisieren, sind solche B-Aufgaben. Die Jetzt-oder-nie-Frage soll Ihnen helfen, ein endloses Vor-sich-herschieben zu verhindern.

Am Ende nahezu jeden Themas in diesem Buch werden Sie einen Kasten mit der Jetzt-oder-nie-Frage finden: Welches Ziel wollen Sie mit dem Gelesenen innerhalb der nächsten 48 Stunden erreichen? Was werden Sie innerhalb der nächsten 48 Stunden tun, um das Gelesene in Ihrem Leben umzusetzen? Wie können Sie diesen ersten Schritt nach

LERNBÜNDNIS

Meine Erwartung an das Lernbündnis: Was behindert zurzeit die Effektivität und Effizienz meiner Arbeit/meines Handelns? Was soll sich durch das Buch aus jetziger Sicht konkret verbessern? ....

Das sind für mich voraussichtlich die vier wichtigsten Themen: ....

Mein Beitrag zu Lernbündnis: Ich bin breit, Folgendes zu tun: ....

Ich bin bereit, neben dem Lesen wöchentlich ... min aufzuwenden, um meine Selbstorganisation zu verbessern. ....

den 48 Stunden konsequent weitergehen? Bearbeiten Sie diese Frage unbedingt schriftlich. Übernehmen Sie die Verantwortung für diese Zusagen – es sind Zusagen an Sie selbst!

Der Ideen-Speicher

Nehmen Sie jetzt das Blatt oder das Tagebuch, das Sie zusammen mit dem Buch aufbewahren. Schreiben Sie als Überschrift »Ideen-Speicher« darauf. Zeichnen Sie dann eine Tabelle mit zwei Spalten. Geben Sie den Spalten die Überschriften »Idee« und »Termin«.
Nicht alle Schritte zu einer besseren Selbstorganisation können innerhalb von 48 Stunden in Angriff genommen werden. Der Ideen-Speicher ist der Platz für weitere Pläne und Ideen. Neben der Jetzt-oder-nie-Frage finden Sie am Ende der meisten Abschnitte auch einen Hinweis auf den Ideen-Speicher: Wie will ich das Gelesene in Zukunft in meinem Leben umsetzen? Notieren Sie die Antwort auf diese Frage in der Ideen-Spalte. Notieren Sie in der Termin-Spalte, bis wann Sie die Idee verwirklicht haben wollen. Schreiben Sie unbedingt ein konkretes Datum auf, also nicht »im Frühling«, sondern am 23.05.2002. Am Ende des Buches werden wir die Notizen aus Ihrem Ideen-Speicher gemeinsam auswerten.
Wenn Ihnen während des Lesens gute Ideen zur Jetzt-oder-nie-Frage oder zum Ideen-Speicher einfallen, sollten Sie diese selbstverständlich ebenfalls sofort notieren und nicht erst das Kapitel zu Ende lesen.

Einträge im Ideen-Speicher sollten Sie erst ab dem dritten Kapitel machen, wenn Sie konkrete Hinweise für effektive Verbesserungen erhalten haben. Mit der Jetzt-oder-nie-Frage hingegen können Sie gleich beginnen.

Vielleicht gibt es bei manchen Themen tatsächlich keine Notwendigkeit, eine Umsetzung in Angriff zu nehmen. Seien Sie ehrlich zu sich selbst. Ist es Bequemlichkeit, die Sie von bestimmten Veränderungen abhält? Nur wenn Sie guten Gewissens begründen können, warum in einem bestimmten Gebiet keine Veränderungen nötig sind, sollten Sie auf das schriftliche Festhalten entsprechender Schritte verzichten.
Beginnen Sie nun gleich mit der ersten Jetzt-oder-nie-Frage:

JETZT ODER NIE?

Auf welche Art wollen Sie die Informationen, die Sie bisher erhalten haben, in den nächsten 48 Stunden konkret anwenden?

1. ....
2. ....
3. ....

Langfristiges Planen

Wo ist mein Standort?

Was behindert meine Selbstorganisation

Wo sind Ansatzpunkte für Verbesserung

2 Zielorientierung Persönliche Effizienz Umgang mit der Zeit

Wo stehen Sie zur Zeit?

Damit Sie möglichst viel Gewinn aus diesem Buch ziehen können, ist es nötig, dass Sie alle Impulse und Informationen an Ihre Persönlichkeit und Ihr Leben anpassen. Allgemein gültige Rezepte funktionieren in diesem Zusammenhang selten – sich effektiv selbst zu organisieren ist immer ein Anpassungs- und Lernprozess.

Selbstorganisation – individuell

In diesem Kapitel wollen wir darum gemeinsam Ihren Standort ausloten. Wir wollen die Schwerpunkte finden, an denen Sie mit Ihren verändernden Aktivitäten ansetzen können. Erinnern Sie sich noch an das Pareto-Prinzip? Wenn Sie mit viel Aufwand eine Arbeitsweise verbessern, die Sie ohnehin schon recht effizient beherrschen, ist das viel weniger sinnvoll, als wenn Sie mit dem gleichen Aufwand am großen »Knackpunkt« arbeiten, der eine wesentliche Steigerung Ihrer Effizienz verspricht. Oft allerdings kennen wir diese »Knackpunkte« gar nicht wirklich (bzw. wollen sie aus Bequemlichkeit nicht kennen). Darum wollen wir in diesem Kapitel mit einer systematischen Selbstanalyse Ihrer aktuellen Selbstorganisation beginnen. Bearbeiten Sie die folgenden Selbstanalyse-Aufgaben sorgfältig. Es handelt sich nicht um Zeitverschwendung – diese Aufgaben helfen Ihnen, Ihre Selbstorganisation effektiv zu verbessern.

Bin ich auf dem richtigen Kurs?

Leben Sie auf eine Weise, die Ihnen Befriedigung und Zufriedenheit schenken kann? Sind Sie beruflich erfolgreich? Gibt es in Ihrem Leben ein ausgleichendes Gegengewicht zum beruflichen Alltag? Sind Sie in Ihrer Familie glücklich? Fühlen Sie sich energiegeladen oder eher schlapp und kraftlos? Bleibt Ihnen Zeit für Freunde? Haben Sie ein Hobby oder sind Sie seit Ihrer letzten Beförderung nur noch eine »Karteileiche« in den Akten Ihres früheren Vereins?

Wer erfolgreich und zufrieden leben will, muss wissen, wohin sein Weg gehen soll. Er muss Zeit und Energie finden, diese Wege zu gehen. Und er muss Balance halten können zwischen verschiedenen Bereichen und Rollen in seinem Leben.

Ist Ihr Leben im Gleichgewicht? Hinweise auf Problembereiche liefert der folgende Fragebogen.

BIN ICH AUF DEM RICHTIGEN KURS?			
Wie sehr treffen diese Sätze auf Ihre aktuelle Lebenssituation zu? Bitte kreuzen Sie ehrlich, spontan und ohne langes Nachdenken das zutreffende Kästchen an.	(fast) nie	manchmal	(fast) immer
Berufliche Leistung:			
Ich nehme Arbeit mit nach Hause oder mache Überstunden.		X	
Ich habe das Gefühl, meine Arbeit wächst mir über den Kopf.		X	
Nach beruflichem Ärger erlebe ich körperliche Reaktionen, z.B. Bauchschmerzen.	X	X	
Ich habe den Eindruck, bei meiner Arbeit nicht richtig voranzukommen.		X	
Mein Arbeitsalltag wird von anderen Menschen bestimmt.		X	

	(fast) nie	manchmal	(fast) immer
Soziale Kontakte:			
Ich würde gerne mehr Zeit mit meiner Familie/meinem Lebenspartner verbringen.		X	
Für Kontakte mit Freunden habe ich viel zu wenig Zeit.		X	
Für ein Engagement in einem Verein lässt mein Leben keinen Raum.			X
Zeit für Verwandte habe ich nur auf »offiziellen« Familientreffen.		X	
Ich fühle mich isoliert/einsam.	X		
Private Zeit:			
Ich haben schon lange nicht mehr ein Buch wirklich mit Genuss gelesen.			X
Hobbys widme ich mich viel zu selten.		X	
Bei Forderungen, die andere an mich stellen, habe ich oft den Eindruck, selbst zu kurz zu kommen.		X	
In meiner Freizeit kreisen meine Gedanken oft um berufliche Probleme.		X	
Wenn ich von heute auf morgen arbeitslos wäre, hätte mein Leben keinen Inhalt mehr.	X		
Körperliche Gesundheit:			
Ich rauche mehr als fünf Zigaretten pro Tag und/oder trinke täglich Alkohol.	X		

	(fast) nie	manchmal	(fast) immer
Ich treibe keinerlei Sport.	X		
Ich ernähre mich eher unausgeglichen (viel Fett, wenig Vitamine).	X		
Ich habe mehr als 10 kg Übergewicht.	X		
Ich bekomme oft zu wenig Schlaf.	X		
Führende Werte:			
Mir fehlt ein klares und alle Bereiche umfassendes Lebensziel.	X		
Oft weiß ich nicht, warum ich mich dem alltäglichen Stress aussetze.	X		
Auf die Frage, was im Leben wirklich wichtig ist, kann ich spontan keine Antwort geben.		X	
Ich fühle mich oft ausgepumpt und leer.	X		
Zu einer Diskussion über den Sinn des Lebens könnte ich nichts beitragen.	X		

Auswertung

24 + 12 = 36 Pkt.

Für die Antworten werden folgende Punkte vergeben:

- (fast) nie = 2 Punkte
- manchmal = 1 Punkt
- (fast) immer = 0 Punkte

Addieren Sie für jeden Bereich die entsprechenden Punktzahlen und tragen Sie die jeweilige Summen in die nachstehende Übersicht ein:

Berufliche Leistung:	5
Private Zeit:	7
Soziale Kontakte:	7
Körperliche Gesundheit:	10
Führende Werte:	9

Beantworten Sie für sich die folgenden Fragen:

- In welchem Lebensfeld haben Sie die niedrigste Punktzahl?
- In welchen Lebensfeldern haben Sie weniger als vier Punkte?
- Sind diese Lebensfelder mit niedrigen Punktzahlen Bereiche, die Sie in Ihrem Leben vernachlässigen?

Für ein erfolgreiches und befriedigendes Leben ist es von großer Bedeutung, alle Bereiche des Lebens in Balance zu halten und dabei in jedem Lebensfeld das zu erreichen, was einem persönlich wichtig ist. Mit diesem Fragebogen konnten Sie bereits grob erste Problemfelder erfassen. Um Ihr Leben in Balance zu bringen, brauchen Sie ein Mittel, den Kurs für Ihr Leben festzulegen und ihm zu folgen. In Kapitel 3 werden Sie dazu Möglichkeiten kennen lernen. Vielleicht haben Sie aber jetzt schon Ideen, was Sie mit wenig Aufwand verändern könnten. Damit ist es Zeit für die Jetzt-oder-nie-Frage:

JETZT ODER NIE?

Auf welche Art wollen Sie die Informationen, die Sie aus dem vorangegangenen Fragebogen erhalten haben, in den nächsten 48 Stunden konkret in Ihrem Leben anwenden?

1. ……………………………………………………………
2. ……………………………………………………………
3. ……………………………………………………………

Arbeite ich effizient?

Mit den vorangegangenen Fragen zum richtigen Kurs haben Sie sich mit dem wichtigsten Aspekt der Selbstorganisation befasst, der »Erfolgswirksamkeit« bzw. Effektivität Ihres Handelns. Nicht minder wichtig für eine erfolgreiche Selbstorganisation ist allerdings die Frage der Effizienz: Erledige ich Aufgaben mit einem günstigen Aufwand-Nutzen-Verhältnis? Wie effizient sind Ihre Arbeitsgewohnheiten?

ARBEITE ICH EFFIZIENT?

Bitte kreuzen Sie in folgenden Fragebögen an, wie sehr die jeweiligen Aussagen auf Sie zutreffen.	(fast) nie	manchmal	(fast) immer
Ich beginne viele Aufgaben spontan und ohne Vorbereitung.			
Ich ärgere mich über lange Meetings und Gespräche.			
Ich finde es wichtig, für Kollegen und Mitarbeiter immer ansprechbar zu sein.			
Ich sage ungern nein, wenn andere meine Hilfe wünschen.			
Es ist mit wichtig, meine Arbeit so gut wie irgend möglich zu erledigen.			
Wenn ich Arbeiten nicht selbst erledige, werden sie nicht zufrieden stellend ausgeführt.			
Ich bewege mich häufig durchs Büro, um Hilfsmittel oder Unterlagen zu holen.			
Häufig kann ich Dinge nicht endgültig erledigen, da ich wichtige Informationen erst suchen muss.			
Die viele Arbeit führt dazu, dass mein Schreibtisch voller Unterlagen ist.			
Ich verzichte weitgehend auf die Nutzung technischer Hilfsmittel (z.B. Diktiergerät, Telefax ...).			

MIT WELCHEN HILFSMITTELN IST IHR ARBEITSPLATZ AUSGERÜSTET?		
Mein Arbeitsplatz ist ausgerüstet mit:	ja	nein
• PC	X	
• Diktiergerät		X
• Gegensprechanlage		X
• Mithöreinrichtung		X
• aktuellem Telefonverzeichnis		X
• großen Visualisierungsmitteln (Flip-Chart o.Ä.)		X
• Hängeregistern		X
• Akten-Schubladen		X
•		
•		

Auswertung

Für die Antworten des ersten Teiles werden folgende Punkte vergeben:

- (fast) nie = 2 Punkte
- manchmal = 1 Punkt
- (fast) immer = 0 Punkte

Addieren Sie Ihre Punkte. Die Summe ist Ihr persönlicher Effizienz-Wert.

Effizienz-Wert: 8

Ein Effizienz-Wert kleiner als neun deutet auf ein sehr ungünstiges Kosten-Nutzen-Verhältnis Ihrer Arbeit hin. Aber auch bei günstigeren Werten werden Sie vielleicht Ansatzpunkte zur Verbesserung finden. Beantworten Sie dazu die nachstehenden Fragen:

- Bei welchen Fragen haben Sie »immer« angekreuzt?
- Bei welchen Fragen haben Sie »manchmal« angekreuzt?

- Würde es Ihre Arbeit effizienter machen, wenn Sie die entsprechenden Abläufe verändern könnten?

Der zweite Teil des Fragebogens befasst sich mit Arbeitsmitteln. Moderne Technik kann heute wesentliche Anteile der zu leistenden Arbeit übernehmen bzw. effizient unterstützen – man denke nur an die Serienbrief-Funktion des PCs im Vergleich zur Schreibmaschine.

- Welche Arbeitmittel könnten Ihre Arbeit effizienter machen?
- Welche Arbeitsmittel werden Sie sich innerhalb der nächsten 14 Tage anschaffen?

JETZT ODER NIE?

Auf welche Art wollen Sie die Informationen, die Sie aus Fragebögen zur Arbeitstechnik erhalten haben, in den nächsten 48 Stunden konkret in Ihrem Leben anwenden?

1. ....
2. ....
3. ....

Mit wenig Aufwand möglichst viel zu erreichen ist der zweite Baustein einer wirkungsvollen Selbstorganisation. Auch hier konnten Sie mit den Fragebögen vielleicht schon erste Ansatzpunkte für Verbesserungen aufdecken. In Kapitel 4 werden Sie eine Vielzahl von Möglichkeiten zur effizienten Arbeitsgestaltung kennen lernen. Vielleicht haben Sie aber auch jetzt schon Ideen, wie Sie die gewonnenen Erkenntnisse nutzen können.

Habe ich meine Zeit im Griff?

»Muss ich das **jetzt** tun?«, war ein Aspekt unserer Regel Nr. 1. Es ist die Frage nach dem richtigen Zeitpunkt für Tätigkeiten, nach der Zeitplanung. Effektive Tätigkeiten auszuwählen und effizient zu arbeiten bleibt erfolglos, wenn die Zeit zur Durchführung solcher Tätigkeiten nicht vorhanden ist. Dazu ist es hilfreich, sich einmal damit auseinander zu setzen, wie man persönlich mit seiner Zeit umgeht. Nur durch eine wirksame Zeitplanung wird man die Zeit erhalten können, die man benötigt, um mit den richtigen Tätigkeiten die Erfolge zu erzielen, die einem wichtig sind. Haben Sie Ihre Zeit im Griff?

KURZFRAGEBOGEN: UMGANG MIT DER ZEIT

	(fast) nie	manchmal	(fast) immer
1. Ich habe am Ende eines Tages oft den Eindruck, nichts Bedeutendes geschafft zu haben.		X	
2. Einen Terminkalender benutze ich nur, um Termine mit anderen nicht zu vergessen.			X
3. Oft unterbreche ich eine begonnene Arbeit, weil etwas Dringenderes ansteht.			X
4. Ich gerate in Stress, weil ich zu viel zu tun habe.			X
5. Unangenehme Arbeiten schiebe ich gerne auf.			X
6. Ich kann unter zeitlichem Druck am besten arbeiten.		X	

2 0

Auswertung

Vergeben Sie folgende Punkte:

- (fast) nie = 2 Punkte
- manchmal = 1 Punkt
- (fast) immer = 0 Punkte

Addieren Sie die Fragen wie folgt, um einen Hinweis auf Probleme bei Ihrem Umgang mit der Zeit zu erhalten:

- Wo sind Ihre Punktzahlen kleiner als drei?
- Von welchen Veränderungen könnten Sie profitieren?

		Punktzahl
Fragen 1 + 2	Prioritätenplanung	1
Fragen 3 + 4	Übersicht	0
Fragen 5 + 6	Rechtzeitigkeit	1

Zu Prioritäten: Ich notiere meine ~~Zu~~ Aufgaben und Fristen/Zeitfenster im Kalender.

Zu Übersicht: Nur die wichtigste Aufgabe für mich machen
- wenig Unterbrechungen
- genug Zeit planen

Zu Rechtzeitigkeit: Unangenehmes jedoch Wichtiges gehe ich an.

Ihr Zeittagebuch

Anhand des vorangegangenen Fragebogens konnten Sie erkennen, ob es grundsätzliche Probleme bei Ihrem Umgang mit der Zeit gibt. Um Ihre Zeit in Zukunft besser planen zu können, müssen Sie sich allerdings detaillierter damit befassen, wie Sie Ihre Zeit nutzen. Eine sorgfältige Analyse Ihres Umganges mit der Zeit zeigt am deutlichsten die Ansatzpunkte für effektive Verbesserungen auf. Arbeiten Sie dazu mit einem Zeittagebuch. Auf den folgenden Seiten finden Sie ein Formular dafür. Bitte kopieren Sie es sieben Mal, und machen Sie darin dann für eine fortlaufende Woche Ihre Eintragungen. Vielleicht erscheint Ihnen diese Aufgabe zu umfangreich, Sie sollten sich allerdings darüber im Klaren sein, dass es kaum eine Möglichkeit gibt, sich einen so detaillierten Überblick über Ihre Zeitnutzung zu verschaffen, wie mithilfe eines solchen Tagebuches. Das Ausfüllen nimmt nur einen geringen Teil Ihrer Zeit in Anspruch. Die Ansatzpunkte, die sich aus der Auswertung Ihrer Eintragungen ergeben, können jedoch Ihnen helfen, sich in Zukunft bedeutend besser zu organisieren. Bitte versuchen Sie, alle 30 Minuten auf folgende Weise eine kurze Eintragung in Ihr Zeittagebuch zu machen:

Haupttätigkeit: Tragen Sie in diese Spalte die Tätigkeit ein, die den größten Zeitanteil des 30-Minuten-Zeitraumes beansprucht hat.

Eisenhower-Kategorie: Bitte tragen Sie den Buchstaben für die Eisenhower-Kategorie (vgl. Kap. 1) der Haupttätigkeit ein (A = wichtig und dringend, B = wichtig, aber nicht dringend, C = nicht wichtig, aber dringend, D = nicht wichtig und nicht dringend). »Wichtig« ist alles, was Ihrem persönlichen Erfolg bzw. Ihren Zielen dient, was Menschen dient, die Ihnen nahe stehen, oder was aus Sicherheitsgründen notwendig ist.

Lebensfeld: Bitte tragen Sie hier das Kürzel für das Lebensfeld ein, dem die Haupttätigkeit zuzuordnen ist: B = Berufliche Leistung, P = Private Zeit (Hobbys …), K = Soziale Kontakte (Familie, Freunde …), G = Körperliche Gesundheit (Fitness …), W = Führende Werte (Lebensplanung, Sinnfindung …).

Nebentätigkeiten: Tragen Sie hier bitte weitere Tätigkeiten ein, mit denen die 30 Minuten verbracht wurden.

Produktive Minuten: Tragen Sie hier ein, wie viele Minuten Sie damit verbracht haben, Ihr »Produkt« zu erstellen. Ein Beispiel: Ein Verkäufer ist produktiv, wenn er einem Kunden etwas verkauft. Sein Produkt ist der »Handel«. Zeit, die er mit dem Sortieren von Rechnungsunterlagen verbringt ist in diesem Sinne nicht produktiv. Achtung! Das bedeutet nicht, dass auf unproduktive Tätigkeiten verzichtet werden kann – oft lassen sich diese Tätigkeiten aber delegieren oder rationalisieren (vgl. Kap. 4).

Störungen: Bitte durchkreuzen Sie das entsprechende Feld, wenn Sie in diesem Zeitraum bei Ihrer Arbeit gestört wurden.

Notizen: Notieren Sie hier, wie die Nutzung des Zeitraumes hätte verbessert werden können.

Zeit	Haupttätigkeit	Eisenhower-Kategorie	Lebensfeld	Nebentätigkeiten	Produktive Minuten	Störungen	Notizen
0.00							
0.30							
1.00							
1.30							
2.00							
2.30							
3.00							
3.30							
4.00							
4.30							
5.00							
5.30							
6.00							
6.30							
7.00							
7.30							
8.00							
8.30							

9.00							
9.30							
10.00							
10.30							
11.00							
11.30							
12.00							
12.30							
13.00							
13.30							
14.00							
14.30							
15.00							
15.30							
16.00							
16.30							
17.00							
17.30							
18.00							
18.30							
19.00							
19.30							
20.00							
20.30							
21.00							
21.30							
22.00							
22.30							
23.00							
23.30							

Tagesauswertung

Werten Sie jeden Tag aus, indem Sie die aufgeführten Summenwerte ausrechnen. Beantworten Sie die Jetzt-oder-nie-Frage und machen Sie gegebenenfalls schon einen Eintrag im Ideen-Speicher. Dazu können Sie die errechneten Werte folgendermaßen nutzen:

Eisenhower Kategorie:

mit A-Aufgaben zugebrachte Stunden: ❒
mit B-Aufgaben zugebrachte Stunden: ❒
mit C-Aufgaben zugebrachte Stunden: ❒
mit D-Aufgaben zugebrachte Stunden: ❒

Aus Kapitel 1 wissen Sie bereits, dass es für eine erfolgreiche Selbstorganisation erforderlich ist, sich im Wesentlichen auf A- und B-Tätigkeiten zu konzentrieren. In welchen Verhältnis stehen die vier Aufgabentypen bei Ihnen zueinander? Wie ließe sich das Verhältnis verbessern?

woche

Lebensfeld:	investierte Stunden
Berufliche Leistung:	
Private Zeit:	
Soziale Kontakte:	
Körperliche Gesundheit:	
Führende Werte:	530

Der einzelne Tag ist ein ungünstiger Zeitraum zur Beurteilung dieses Wertes. Wir werden bei der Wochen-Auswertung auf diesen Punkt zurückkommen.

Produktive Minuten: Errechnen Sie die Summe der produktiven Minuten: ❒

Wie bereits erwähnt, ist es nicht möglich immer nur produktiv zu sein – wer z.B. seine Zeit vor allem der Produktion von Waren widmet und keine Ordnung in der Buchhaltung hält, wird sehr schnell ganz unproduktiv. Nicht-produktive Zeit kann allerdings reduziert werden. Dazu folgende Rechnung von Arbeitsexperten: Man hat festgestellt, dass in einigen Unternehmen manche Mitarbeiter bis zu 90 % der Zeit nicht produktiv verbringen, d.h. es werden Nebentätigkeiten geleistet, die die Produktion vielleicht unterstützen, aber nicht wirklich das jeweilige »Produkt« schaffen. Gelingt es in diesen Betrieben, die unproduktive Zeit auf 80 % zu reduzieren, werden aus den 10 % produktive Zeit 20 % – die Produktivität ist damit verdoppelt! In welchem Verhältnis stehen produktive und unproduktive Zeit bei Ihnen?

Störungen: Wann sind typische Störungszeiten?

Ihre Markierungen zeigen an, in welchen Zeiträumen Sie besonders häufig gestört werden. Wie lässt sich diese Situation verbessern?

Notizen: Entwickeln Sie konkrete Ideen aus Ihren Notizen, wie Sie Verbesserungen aktiv umsetzen können.

JETZT-ODER-NIE-FRAGE

Auf welche Art wollen Sie die erhaltenen Informationen in den nächsten 48 Stunden konkret in Ihrem Leben anwenden? Bitte machen Sie gegebenenfalls auch Notizen in Ihrem Ideen-Speicher!

1. ....

2. ....

3. ....

Wochenauswertung

Der einzelne Tag ist nicht immer ein guter Maßstab dafür, wie Sie Ihre Zeit nutzen. Vielleicht bemerken Sie beim Vergleich der Einträge an den verschiedenen Tagen, dass die Werte erheblich schwanken. Einen besseren Überblick bietet der Wochen-Zeitraum. Hier werden die wahren Tendenzen sichtbar, insbesondere wenn es darum geht, wie Sie ihre Zeit auf verschiedene Lebensfelder aufteilen. Gerade in Bezug auf die Lebensfelder lohnt sich die Frage: Sind mir die Lebensfelder wirklich soviel bzw. so wenig Zeit wert, wie ich dafür investiere?

Eisenhower-Kategorien:

Summe A-Stunden: ❒

Summe B-Stunden: ❒

Summe C-Stunden: ❒

Summe D-Stunden: ❒

Lebensfeld:

Wochen-Wachzeit (Summe der nicht mit Schlaf verbrachten Stunden in der gesamten Woche): ❒

	Summe der Stunden:	Wachzeitanteil (= Summe/Wachzeit x 100)
Berufliche Leistung:		
Private Zeit:		
Soziale Kontakte:		
Körperliche Gesundheit:		
Führende Werte:		

Wochensumme produktiver Minuten: ❐

typische Störungszeiten (häufigste Störungszeiträume):

JETZT-ODER-NIE-FRAGE

Auf welche Art wollen Sie die erhaltenen Informationen in den nächsten 48 Stunden konkret in Ihrem Leben anwenden? Bitte machen Sie gegebenenfalls auch Notizen in Ihrem Ideen-Speicher!

1. ....
2. ....
3. ....

Sie haben nun einen ausführlichen Überblick über den derzeitigen Stand Ihrer Selbstorganisation erhalten, über Ihr Zielmanagement, Ihre Arbeitstechnik und über Ihre Zeitplanung. Vielleicht haben Sie selbst auch schon eine ganze Reihe von Ideen für Verbesserungen entwickelt oder können schon erste Erfolge dieser Ideen feststellen. In den folgenden drei Kapiteln werden wir Ihnen helfen, die drei Selbstorganisations-Bausteine – Zielmanagement, Arbeitstechnik und Zeitplanung – weiter zu optimieren.

Was sind meine Ziele?

Welche Wege führen mich zum Ziel?

Bin ich noch auf dem richtigen Weg?

3

Zielkaskade
Lebensfelder
Handlungsplanung

Ziele setzen

Erkennen Sie sich wieder?

17.00 Uhr: Hans Hatz muss vor seinem Feierabend noch 400 Briefe frankieren. Für diese Arbeit braucht er eine Stunde. Unzufrieden (und mit klebriger Zunge) fährt er nach Hause. Fritz Flink steht vor dem gleichen Problem, aber er entwickelt eine neue Technik – er leckt zwei Briefmarken gleichzeitig an, reißt sie erst dann auseinander und kann so eine halbe Stunde früher Schluss machen. Die nutzt er, um sein Auto zu waschen – eine Arbeit, die ihm eigentlich ganz und gar verhasst ist. Auch Karl Klug muss noch 400 Briefe vor Feierabend frankieren. Er benutzt die gleiche Technik wie Fritz Flink und kann bereits nach einer halben Stunde Feierabend machen. Sein Auto hat ebenfalls eine Reinigung nötig – er verzichtet jedoch auf die ungeliebte Arbeit und spielt mit seinem Sohn noch eine halbe Stunde im Garten Fußball. 18 Uhr: Hans Hatz und Fritz Flink sitzen mit unzufriedenem Gesicht beim Abendessen. Bei Familie Klug hingegen ist ein angeregtes Gespräch im Gange. Gerade lacht man über die »Schwalbe«, die Vater Klug beim Fußballspiel mit seinem Sohn hingelegt hat.

In welchem Punkt war Herr Klug aus der vorstehenden Anekdote besser (selbst-) organisiert als seine Kollegen? Die Antwort ist Regel Nummer 1: Er hat sich gefragt: **Muss** ich das jetzt tun? Er hat die richtige Antwort gefunden und fand so den Weg zu einem zufriedenen Abschluss des Tages. Allerdings ist diese Frage oft gar nicht so leicht zu beantworten. Für die meisten Menschen steht täglich eine Vielzahl von Aufgabenstellungen zur Erledigung an. Selten kann alles erledigt werden. Woher also wissen, was man wirklich tun **muss**?

Einen Teil der Antwort liefert bereits das Pareto-Prinzip: Wer sich auf die Dinge konzentriert, die am stärksten zum Erfolg beitragen, erreicht in der Zeit, die ihm zur Verfügung steht, am meisten. Damit ist aber immer noch nicht geklärt, wie man diese »Erfolgsträger« erkennt. Um das herauszufinden, muss man zunächst einmal darüber nachdenken, was Erfolg eigentlich ist. Noch ein Beispiel: Herr A hat ein monatliches Gehalt in atemberaubender Höhe. Bei jedem Blick auf seinen Kontoauszug ist er von seinem Erfolg überzeugt. Herr B weiß von A's finanzieller Freiheit, auch er hätte nichts gegen ein paar Euro mehr auf dem Konto. Aber auch er hält sich für erfolgreich: seine berufliche Tätigkeit als Pfarrer füllt ihn voll aus, im Wissen um den Sinn seiner Arbeit nimmt er ein geringeres Gehalt gerne in Kauf.

Die schlimmere Variante: Herr C hat ebenfalls ein monatliches Gehalt in atemberaubender Höhe. Dennoch fühlt er sich unzufrieden. Zwar ist die Arbeit nicht langweilig und die Annehmlich-

keiten der finanziellen Unabhängigkeit weiß er wohl zu schätzen. Dennoch leidet er darunter, dass er viel zu wenig Zeit für seine Familie hat.
Diese Beispiele zeigen deutlich, dass es »den Erfolg« nicht gibt. Für jeden bedeutet Erfolg etwas anderes und manch einer (z.B. Herr C) weiß vielleicht nicht einmal, was den Erfolg für ihn persönlich ausmacht. Ganz allgemein kann man aber sagen: Erfolgreich ist, wer im Leben das erreicht, was ihm wichtig ist. Oder anders gesagt: **Erfolgreich ist, wer seine Ziele erreicht.**
Ziele zu haben ist der erste Schritt zu einer erfolgreichen Selbstorganisation. Wer eine Aufgabe schnell und effizient erledigt, nur um danach die nächste ungeliebte Aufgabe angehen zu müssen – wie z.B. Herr Flink aus der Episode zu Beginn dieses Kapitels – wird sich nicht erfolgreich fühlen. Effizienz macht nur Sinn, wenn sie eingesetzt wird, um Ziele zu erreichen. Das »klassische« Zeitmanagement bezog sich dabei meistens nur darauf, das Erreichen von Zielen im Berufsleben zu unterstützen. Macht aber allein der berufliche Erfolg wirklich zufrieden? Das Ideal unserer Zeit ist der gehetzte Manager-Typ. Viel Geld, viel Arbeit, wenig Privatleben. Wer in seinem Beruf die alleinige Erfüllung findet, für den mag das wirklich Erfolg bedeuten. Nicht wenige Menschen klagen aber über zu wenig Zeit für »private Erfolge«: Familie, eine wertvolle Partnerschaft, Kindererziehung, Freundschaften, Engagement in Vereinen, das Lesen eines guten Buches ...

Erfolg durch Zielorientierung

Der erste Schritt für eine erfolgreiche Selbstorganisation ist also, sich deutlich klar zu machen, welche Ziele man überhaupt hat. Ohne solche Ziele ist der Weg in eine ständige diffuse Unzufriedenheit vorgezeichnet.
Diese Kapitel soll Ihnen helfen, die Richtung für ein erfolgreiches berufliches und privates Leben festzulegen, mit Ihren eigenen Zielen Ihre persönliche Definition von Erfolg aufzustellen. Anhand dieser Ziele können Sie bewerten, welche Tätigkeiten Sie zum Erfolg führen (Pareto-Prinzip!). Außerdem wird es darum gehen, Ihre Handlungen so zu planen, dass Sie Ihre Ziele auch wirklich erreichen werden.

Von der Vision zum Tagesziel – die Zielkaskade

Zeitrahmen

Ziele beziehen sich immer auf einen bestimmten Zeitrahmen. Sie können ein Ziel für den heutigen Tag festlegen, ein Ziel für die aktuelle Woche, für den Monat, das Jahr. Sie können Ziele für die nächsten fünf Jahre formulieren und für Ihr ganzes Leben. Tagesziele scheinen oft relativ leicht erreichbar zu sein: den Projektbericht fertig stellen, einen Spaziergang mit den Kindern machen, einen Kinobesuch ... Lebensziele hingegen scheinen oft so ein großes Gewicht zu haben, dass man es gar nicht wagt, sich gezielt damit auseinander zu setzen.
Was nützt es, beispielsweise, eine erfüllte Partnerschaft zum Lebensziel zu erklären, wenn man dies doch gar nicht überschauen kann? Ist das Erreichen eines so langfristig angelegten Zieles nicht immer ein Zufallsprodukt?
Gerne beschränkt man sich deshalb auf kurzfristige Zielsetzungen. Aber: Wird es Sie als Rentner wohl noch interessieren, ob Sie im April 2002 nur 20 oder doch 30 Kunden für ein neues Produkt geworben haben? Damit soll keinesfalls gesagt werden, dass man Ziele nicht hoch ansetzen soll. Je höher das Ziel, um so mehr Motivation geht in der Regel von ihm aus. Aber auch kurzfristige Ziele besitzen erst dann den größten Wert, wenn sie zum Erreichen unserer Lebensziele beitragen.
Mit dem Tagesziel »Spieleabend mit der Familie« wird man eher das Lebensziel »glückliches Familienleben« erreichen, als mit dem Ziel »Ausspannen beim Fernsehkrimi«. Indem man also kurzfristige Ziele nicht für sich genommen betrachtet, sondern in einem weiteren zeitlichen Rahmen werden sie zu kleinen Kilometersteinchen auf dem Weg zum langfristigen Erfolg. Wie eine Kaskade müssen sich also kurzfristige Ziele aus längerfristigen übergeordneten ergeben. Aus Lebenszielen und -visionen werden 5-Jahres-Ziele abgeleitet, aus 5-Jahres-Zielen werden Jahresziele abgeleitet, aus diesen Monatsziele, daraus Wochenziele und schließlich Tagesziele. Dabei mag es nun fast so erscheinen, als würde die ganze »Planerei« dazu führen, dass man kaum noch Zeit hat, etwas für das Erreichen der Ziele zu tun. Falsch: Denn nur wer weiß, wo er hin will, kann wirklich erfolgreich sein (Pareto-Prinzip!).

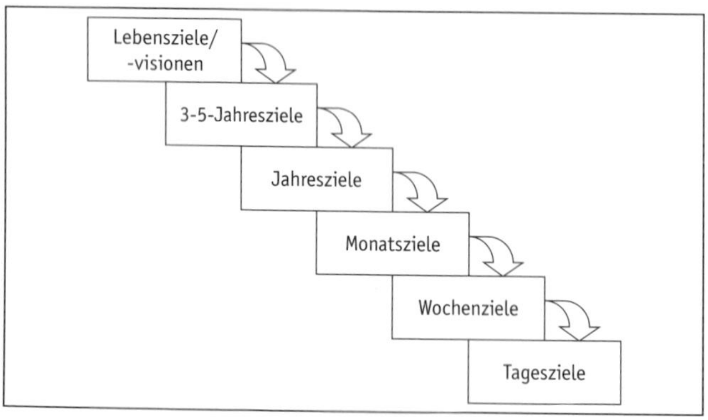

Abbildung 2: Zielkaskade

Lebensfelder

Der zweite wesentliche Punkt, in dem Herr Klug seinen Kollegen überlegen war: Seine Orientierung an Zielen beschränkte sich nicht lediglich auf den beruflichen Bereich bzw. auf »Pflichten« (Autowaschen). Vielmehr setzte er auch Prioritäten im Privatleben, wie das Fußballspiel mit dem Kind. Um solchen Prioritäten effektiv folgen zu können, müssen auch sie in Form von Zielen formuliert werden, wobei ebenfalls kurzfristige Zielsetzungen aus langfristigen Zielen abgeleitet werden (Zielkaskade).
Welche Dimensionen sind denn nun für die Selbstorganisation von Bedeutung? Der Bereich, in dem oft eine effektivere Organisation notwendig erscheint, ist sicher der berufliche. Dabei sind zwei Aspekte zu berücksichtigen. Jeder **Beruf** fordert von uns, dass wir bestimmte Dinge tun, bestimmte Ziele erreichen. Bei diesen **Stellenzielen** haben wir selten vollständige Entscheidungsfreiheit, die zu erreichenden Ziele leiten sich aus den Anforderungen unseres Berufsbildes ab. Außer diesen können wir aber noch weitere persönliche Ziele setzen, die sich z.B. auf die berufliche Weiterentwicklung, auf Gehalt, Karriere ... beziehen – unsere **Karriereziele**.
Neben den beruflichen Zielen nehmen **soziale Kontakte** einen weiten Bereich unseres Lebens ein, wir sind Familienmitglied, Verwandter, Freund, Vereinsmitglied ... Nicht selten ist es dabei so, dass in diesem Bereich bei starker beruflicher Belastung am schnellsten Abstriche gemacht werden. Ein fataler Fehler, denn wir brauchen den Kontakt zu Familie und Freunden. Kontakte und soziale Anerkennung sind ein menschliches Grundbedürfnis – vernachlässigen wir den sozialen Bereich, so verbauen wir uns damit den Weg zur Zufriedenheit. Dass wir darüber hinaus für die Menschen um uns herum auch Verantwortung tragen (z.B. Erziehung von Kindern) und deshalb Zeit und Energie für den sozialen Bereich benötigen, sollte nicht eigens betont werden müssen. Soziale »Effektivität« ist wichtig – für unser psychisches Gleichgewicht und für die Menschen, die uns nahe stehen.
Auch in diesem Bereich können wir uns besser organisieren, wenn wir Ziele setzen und so wissen, worauf wir unsere Ressourcen (Zeit, Energie) konzentrieren wollen.

Mit Zielen zur ganzheitlichen Lebensplanung

Ein dritter Bereich ist unsere **private Zeit**: Hobbys, die Beschäftigung mit Dingen, die uns selbst – ganz persönlich – wichtig sind. Lesen, sich weiterbilden, musisch oder künstlerisch tätig sein – jeder wird hier seine eigenen Vorlieben haben. Ein intensives Arbeiten an unseren beruflichen und sozialen Pflichten fordert einen »Ruhepol« als Gegengewicht. Auch dieser Bereich läuft Gefahr, zu kurz zu kommen, wenn wir uns nur daran orientieren, was andere von uns fordern. Hier ist es darum ebenfalls wichtig, zu wissen, »was man will«. Wiederum lässt sich das nur über konkrete Zielsetzungen effektiv realisieren. **Körperliche Gesundheit** ist als vierter Zielbereich in zweifacher Hinsicht wichtig. Zunächst ist Gesundheit Selbstzweck. Wer nicht gesund ist, leidet und dies ist sicher kein erstrebenswerter Zustand. Darüber hinaus allerdings ist körperliche Gesundheit, oder vielleicht treffender »körperliche Fitness«, eine Grundvoraussetzung für den Erfolg in allen anderen Bereichen. Jeder Autofahrer lässt sein Auto regelmäßig inspizieren, Öl wechseln und Schäden reparieren. Ein beschädigtes Auto kann seinen Zweck nur eingeschränkt erfüllen. Ganz ähnlich ist es mit unserem Körper. Er ist gleichsam das Fahrzeug auf dem Weg zu unseren anderen Zielen. Wer den Weg zu beruflichen, sozialen oder privaten Zielen mit einer rostigen »Klapperkiste« bestreiten will, wird es wesentlich schwerer haben als einer, der mit einem flotten Sportwagen unterwegs ist. Gesundheit und Fitness erhöhen Ihr persönliches Energieniveau, Ihre Belastbarkeit und Leistungsfähigkeit – steht außer Frage. Auch in diesem Bereich gilt es, Ziele zu setzen. Dabei muss man nicht zum Leistungssportler werden, ein angemessenes körperliches Training, eine gesunde Ernährung, ein vernünftiger Umgang mit Genussmitteln und eine ausreichende Menge Schlaf sind bereits die wesentlichen Aspekte, mit denen Sie körperliche Fitness und Gesundheit erreichen können. Auch hier gilt es darum, Ziele zu setzen, um leistungsfähig zu werden und sich wohl zu fühlen.

Schließlich ist es von großer Bedeutung, in einer individuell sinnvollen Weise zu leben. Wer an seinem Lebensabend auf die vorangegangenen Jahre und Jahrzehnte zurückblickt, für den wird es wahrscheinlich weitgehend bedeutungslos sein, ob sein monatliches Gehalt vor Jahren um ein paar hundert Euro höher oder niedriger ausgefallen ist. Viel wichtiger ist es, einen Sinn im Leben gefunden zu haben, eine Lebensvision entwickelt zu haben, die den eigenen Aktivitäten Wert und Richtung gibt. Dies ist eine Frage, die jeder nur individuell für sich allein beantworten kann, gleichwohl ist diese Frage vielleicht die wichtigste für eine effektive Zielplanung. Stehen die Ziele in den anderen Lebensfeldern mit Ihren führenden Werten im Einklang, dann entfalten sie ihr ganzes motivierendes Potenzial. Ihre Ziele helfen Ihnen dann, langfristig erfolgreich, effektiv und zufrieden zu sein. **Führende Werte** bilden somit gleichsam den Ausgangspunkt für eine sinnvolle und effektive Zielplanung.

Aus Zielkaskade und Lebensfeldern lässt sich damit eine »Zielmatrix« erstellen –

in allen Feldern gilt es dabei, Ziele zu planen. Dabei müssen die jeweils kurzfristigeren Ziele sich aus den langfristigeren ableiten, so dass sie einen Beitrag zum langfristigen Erfolg leisten.

Führende Werte					
1. 2. 3.			4. 5. 6.		
	berufliche Stellenziele	berufliche Karriereziele	soziale Kontakte	private Zeit	körperliche Gesundheit
Lebensziele/ -visionen	...	...	...	...	...
3-5-Jahresziele	...	...	...	...	...
Jahresziele	...	...	...	...	...
Monatsziele	...	...	...	...	...
Wochenziele	...	...	...	...	...
Tagesziele	...	...	...	...	...

Abbildung 3: Zielmatrix

Effektivität durch Ziele: Be smart!

Was genau ist nun eigentlich ein **Ziel**? »Ein guter Elternteil sein«, ist das ein Ziel? Nein, denn bei dieser Formulierung ist vollkommen unklar, was geschehen sein muss, damit dieses Ziel erreicht ist. Damit ist es aber auch unmöglich, sich selbst zur Erreichung dieses Zieles zu organisieren, Schritte zur Zielerreichung festzulegen und auszuführen.

Ziel = angestrebter Zustand, der so konkret formuliert ist, dass sich genau überprüfen lässt, ob er zu einem bestimmten Zeitpunkt erreicht wurde oder nicht

Folgende Kriterien helfen dabei, Ziele effektiv zu formulieren.

Beeinflussbarkeit

Ziele sollen unser Handeln steuern und uns motivieren. Ein Ziel wie »saubere Umwelt« kann für die meisten Menschen diese Funktion nicht übernehmen. Umweltverschmutzung ist nicht direkt beeinflussbar. Ein Ziel wie die »Gründung eines ehrenamtlichen Umweltschutzvereins, der einmal monatlich eine Säuberung der städtischen Grünanlagen von Abfällen vornimmt« hingegen liegt in Ihrem Einflussbereich. Ziele müssen so formuliert ein, dass direkt ein Handlungsansatz daraus abgeleitet werden kann.

Strategischer Nutzen

Ziele dürfen nicht unverbunden nebeneinander stehen. Kurzfristige Ziele müssen aus langfristigen Zielen abgeleitet sein, sie sind die Schritte auf dem Weg zum langfristigen Erfolg. Ebenfalls müssen Ziele so aufeinander abgestimmt sein, dass sie sich nicht gegenseitig behindern, sondern unterstützen. Wer z.B. viel Zeit in den beruflichen Erfolg investieren will, kann sich nicht nebenher zum Hochleistungssportler emportrainieren. Wer allerdings in einem angemessenen Zeitrahmen an seiner körperlichen Fitness arbeitet, wird von der höheren Leistungsfähigkeit auch im Berufsleben profitieren. Um Ziele aufeinander abzustimmen, ist es besonders wichtig, sich über die individuellen führenden Werte im Klaren zu sein.

Messbarkeit

Dass uns nur konkret formulierte Ziele steuern und motivieren können, wurde bereits verdeutlicht. Wer »körperlich fitter« sein will, weiß nicht, wie er dies erreichen kann, eine solche Formulierung hat keinen »Sog«, keine antreibende Kraft. Ziele müssen so genau formuliert werden, dass sie messbar sind. Statt »körperlich fitter« also »x Kilo weniger wiegen« oder »nicht mehr rauchen«, statt »beruflich erfolgreich« also »Leiter der Abteilung xy sein, mit einem Gehalt von ... und einem x Personen umfassenden Mitarbeiterstab«.

Anspruchsniveau

Um uns zu motivieren, müssen Ziele anspruchsvoll sein. Wer Ziele so setzt, dass er sich nur in seinem beschränkten »Komfortbereich« bewegt, wird nicht viel erreichen. Wenn wir allerdings wissen, dass wir mit dem Erreichen eines anspruchvollen Zieles einen echten »Knüller« landen, wird viel mehr Energie mobilisiert.

Realismus

Ziele müssen anspruchsvoll sein – gleichzeitig aber ist es wichtig, bei der Planung die »Realisten-Brille« auf der Nase zu behalten. Wenn Sie Ziele in einer Form formulieren, die letztlich nur Misserfolge bewirkt, weil Sie die angestrebten Ergebnisse gar nicht erreichen können, werden die ständigen Frustrationserlebnisse Sie nur davon abhalten, sich langfristig zielorientiert selbst zu organisieren. Hoher Anspruch und Realismus müssen sich also immer die Waage halten.

Terminierung

Ziele müssen mit einem klaren Termin versehen sein, um Handlungen in Gang zu setzen. Wer »irgendwann« zum Abteilungsleiter aufsteigen will, wird die notwendigen Zusatzaufgaben ständig zugunsten des anstehenden Tagesgeschäftes vernachlässigen. »Irgendwann« bleibt immer ein »übermorgen« und wird langfristig schließlich zum »nie«!

Ziele formulieren: Be smart!

BE SMART! ODER »B-SMART!«

Ziele müssen ...
b – eeinflussbar
s – trategisch wertvoll
m – essbar
a – nspruchsvoll
r – ealistisch
t – erminiert
... formuliert sein!

»Ich will mehr Zeit für meine Familie haben« ist keine effektive Zielformulierung. »Ab dem 5. Juni 2002 werde ich in jeder Woche an vier Tagen gemeinsam mit meiner Familie zu Abend essen, weiterhin werde ich wöchentlich mindestens einmal mit meiner Frau ausgehen (Essen, Theater, Kino ...), ich werde mindestens einmal wöchentlich gemeinsam mit der ganzen Familie etwas unternehmen (Spaziergang, Ausflug, Spieleabend ...) und ich werde mindestens drei Stunden ausschließlich für meine Kinder da sein (spielen, spazieren gehen, etwas für die Kinder Interessantes unternehmen ...).« Eine sloche Formulierung erfüllt die B-SMART-Kriterien – sie motiviert und setzt zielgerichtete und damit erfolgsorientierte Handlungen in Gang.

Führende Werte – der tiefere Sinn Ihrer Ziele

Werte-orientierung

Zunächst gilt es nun, sich über das große Hauptziel für das eigene Leben klar zu werden – eine Vision zu entwickeln und sich seine Lebensträume zu vergegenwärtigen. Kennen Sie Ihre führenden Werte? Die folgende Übung verhilft Ihnen zu mehr Klarheit.

ÜBUNG: FÜHRENDE WERTE KLÄREN

Ihre Werte in der Vergangenheit: Schließen Sie Ihre Augen, entspannen Sie sich und dann gehen Sie zurück in Ihre Vergangenheit, um sich drei Situationen zu vergegenwärtigen, in denen Sie sich richtig wohl gefühlt haben. Erleben Sie die Situation in Ihrer Vorstellung noch einmal, was haben Sie damals gesehen, welche Worte oder Geräusche haben Sie gehört? Wo genau haben Sie diese Gefühle gespürt? War diese Situation in einem ganz und gar positiven Sinne wertvoll für Sie? Haben Sie sich so richtig gut gefühlt?

Finden Sie auf diese Weise drei »Wohlfühl-Situationen« heraus, die für Sie sehr wichtig und positiv waren, und notieren Sie diese hier:

Wohlfühl-Situation 1: Spaß mit Mama

Wohlfühl-Situation 2: wilde Party Nacht

Wohlfühl-Situation 3: erfolgreich BB gespielt

Ihre Werte für die Zukunft: Schließen Sie nun ebenfalls Ihre Augen und gehen Sie in die Zukunft. Träumen Sie Ihre Lebensträume! Erleben Sie wiederum mit Ihrem inneren Auge, Ihrem inneren Ohr und Ihren Gefühlen, wie es wäre, wenn diese Träume bereits verwirklicht wären. Genießen Sie diese Vorstellungen, finden Sie auf diese Weise die drei für Sie wichtigsten Lebensträume heraus und notieren Sie sie:

Lebenstraum 1: Rockstars Hofleben

Lebenstraum 2: sportlich agil Yoga stark

Lebenstraum 3: gestalte aktiv + Ruhe selber

Ihre führenden Werte: Werte lassen sich am besten mit abstrakten Formulierungen beschreiben. Persönliche Integrität, finanzielle Freiheit, Liebe, Verantwortung,

Macht, Weisheit, Führung, anderen etwas beibringen, etwas Neues schaffen ... – all dies können mögliche führende Werte sein. Jeder Mensch hat seine eigenen individuellen Werte.

Betrachten Sie nun die Wohlfühl-Situationen und Lebensträume aus den vorangegangenen Übungsschritten. Welche Werte stehen jeweils hinter diesen vorgestellten Situationen? Notieren Sie die Werte in der folgenden Liste:

Wohlfühl-Situation 1: Der Wert dahinter: ....

Wohlfühl-Situation 2: Der Wert dahinter: ....

Wohlfühl-Situation 3: Der Wert dahinter: ....

Lebenstraum 1: Der Wert dahinter: ....

Lebenstraum 2: Der Wert dahinter: ....

Lebenstraum 3: Der Wert dahinter: ....

Sind dies führende Werte für Ihr Leben? Vielleicht ist etwas nicht stimmig? Vielleicht sind Werte aus der Vergangenheit nicht mehr aktuell, vielleicht fehlt auch ein Wert? Erstellen Sie nun aus den bisherigen Überlegungen eine Rangfolge der sechs wichtigsten führenden Werte in Ihrem Leben.

Wert 1: ....

Wert 2: ....

Wert 3: ....

Wert 4: ....

Wert 5: ....

Wert 6: ....

Wertestruktur klären

Sind alle Werte im Einklang miteinander? Oder gibt es Widersprüche? Beruflicher Erfolg und Familienleben scheinen beispielsweise weniger zu harmonieren. Um allerdings nicht ständig »auf zwei Hochzeiten zu tanzen«, ist es wichtig, ihre Wertestruktur für sich zu klären.

Dazu gibt es zwei Wege: **Hierarchie** und **Integration**. Mit der Aufstellung einer Rangfolge ist bereits eine Hierarchie errichtet worden, die Ihnen in Konfliktsituationen eine Entscheidungshilfe bietet. Konflikte, die aus widersprüchlichen Werten resultieren, lassen sich weiterhin reduzieren durch Integration: Stehen einige Ihrer Werte in Konflikt, fragen Sie sich einmal, wie der eine Wert die Verwirklichung eines zweiten widersprüchlichen Wertes unterstützen kann. »Beruflicher Erfolg und ein erfülltes Familienleben« ist sicher ein klassisches Beispiel für einen solchen Wertekonflikt. Beruflicher Erfolg mag z.B. mit finanzieller Freiheit einhergehen und kann so ein intensiveres Familienleben unterstützen. So ergeben sich bei finanzieller »Besserstellung« vielleicht Möglichkeiten, Aufgaben, die das Familienleben einschränken, zu delegieren (Hausputz – Reinigungskraft, regelmäßige Einkäufe – Lieferservice ...). Es gilt zu fragen, wie der zweite Wert die Verwirklichung des Ersten unterstützen kann. So kann ein befriedigendes Familienleben den »ruhenden Gegenpol« zu einem anstrengenden Beruf bilden – eine Möglichkeit »abzuschalten« und die eigenen Kräfte zu regenerieren. Um dies zu ermöglichen ist es nötig, die Arbeit zu begrenzen und beispielsweise dem Vorgesetzten deutlich zu machen, das solche Begrenzungen für ein effektives, erfolgreiches Arbeiten eine wichtige Funktion haben. Hier gilt wieder das zu Beginn dieses Buches beschriebene Initiative-Prinzip: Wir selbst können unsere Lebensumstände beeinflussen, wenn wir aktiv werden – wir müssen uns allerdings über die einzuschlagende Richtung völlig im Klaren sein.

Sollte es überhaupt keine Möglichkeit geben, widersprüchliche Werte zu integrieren, bleibt Ihnen nur noch die Möglichkeit, eine klare Hierarchie als Entscheidungsgrundlage festzulegen.

ÜBUNG: WIDERSPRÜCHLICHE WERTE INTEGRIEREN

Widersprüchliche Werte:

1. Wert: ....

2. Wert: ....

....

Wie kann der erste Wert den zweiten unterstützen?

Wie kann der zweite Wert den ersten unterstützen?

Welche konkreten Handlungen sind notwendig um dies zu realisieren (Initiative-Prinzip!)? ....

....

....

Ihre persönliche Zielmatrix

Nun geht es darum, aus Ihren führenden Werten Ziele abzuleiten, die Ihnen helfen, sich selbst effektiv und erfolgreich zu organisieren.

Die folgenden Übungen wirken sehr umfangreich und werden eine gewisse Zeit in Anspruch nehmen. Sie sollten Sie dennoch gewissenhaft bearbeiten – die Erkenntnisse aus diesen Übungen sind das Fundament, auf dem eine effektive Selbstorganisation fußt.

Vielleicht kennen Sie diese Anekdote: Ein Mann geht im Wald spazieren, wo er auf einen schwer arbeitenden Holzfäller trifft. Dem Holzfäller stehen gewaltige Schweißperlen auf der Stirn, unter angestrengtem Keuchen sägt er an dicken Baumstämmen. Dem Spaziergänger fällt auf, dass die Säge des Holzfällers offensichtlich völlig stumpf ist. »Guter Mann«, sagt er, »es ist ja gar kein Wunder, dass Sie so angestrengt sind. Mit diesem Werkzeug lässt es sich doch nicht arbeiten. Es ist dringend an der Zeit, die Säge zu schärfen.« Darauf entgegnet der Holzfäller: »Ja, sind Sie denn verrückt? Ich habe heute noch 80 Stämme zu zersägen, da bleibt mir zum Schärfen der Säge doch jetzt überhaupt keine Zeit ...« Auch wenn die folgenden Übungen sehr umfangreich erscheinen, sie haben allein den Zweck, Ihre persönliche »Säge« zu schärfen.

Schärfen Sie Ihre Säge ...

Bearbeiten Sie die folgenden Aufgaben unbedingt mit Bleistift und Radiergummi. Bis Sie ein umfassendes und in sich stimmiges Gesamtgerüst Ihrer Ziele errichtet haben, werden mehrfach Änderungen nötig sein. Weiterhin ist es sinnvoll, wenn Sie die Übungsseiten für die weitere Verwendung vor dem Gebrauch fotokopieren.

Wie beschrieben, gilt es, aus langfristigen Zielsetzungen kurzfristigere abzuleiten. Mit der folgenden Übung legen Sie Ihre Lebensvisionen und -ziele fest:

ÜBUNG: IHRE LEBENSZIELE

Schauen Sie sich zunächst noch einmal genau die Liste und Rangfolge Ihrer führenden Werte an. Mit welchen Zielen – bezogen auf Ihr gesamtes Leben – glauben Sie diese am erfolgreichsten verwirklichen zu können? Formulieren Sie für alle Lebensfelder jeweils mindestens ein Ziel. Berücksichtigen Sie bei allen Formulierungen die B-SMART-Regel:

Berufliche Ziele: ....

Stellenziele: ....

Karriereziele: ....

Soziale Beziehungen: ....

Private Zeit: ....

Körperliche Gesundheit: ....

Schließen Sie wiederum die Augen und versetzten Sie sich in eine Situation, in der Sie das Ziel schon erreicht haben. Sehen, hören und fühlen Sie die Situation, als ob sie schon jetzt Realität wäre, als ob Sie schon jetzt in dieser Situation leben würden. Motiviert Sie das, oder ist da irgendetwas nicht so, wie Sie es sich wünschen? Ändern Sie die Zielformulierungen so lange ab, bis Sie mit allen Zielen ganz und gar zufrieden sind.

Stehen nun Ziele im Widerspruch? Ist dies der Fall, so verfahren Sie wie bei der Integration widersprüchlicher Werte: Wie kann das eine Ziel das andere unterstützen und umgekehrt? Suchen Sie dabei nicht nach konkreten Lösungen, sondern ändern Sie die Zielformulierungen so ab, dass die Ziele miteinander harmonieren.

ÜBUNG: 5-JAHRES-ZIELE

Welche Ziele müssen Sie in den nächsten drei bis fünf Jahren erreichen, um Ihren Lebenszielen näher zu kommen? Formulieren Sie wiederum anhand der B-SMART!-Kriterien 3-Jahres-Ziele bzw. 5-Jahres-Ziele für alle Lebensfelder. Sie sollten allerdings für kein Lebensfeld mehr als drei Ziele benennen, beschränken Sie sich nur auf das Wichtigste (Pareto-Prinzip!).

Berufliche Ziele: ....

Stellenziele: ....

Karriereziele: ....

Soziale Beziehungen: ....

Private Zeit: ....

Körperliche Gesundheit: ....

Versetzen Sie sich wiederum in den Zielzustand, überprüfen Sie die motivierende Wirkung und die Stimmigkeit der Zielsituation. Prüfen Sie weiterhin, ob sich Ziele wiedersprechen. Tragen die Ziele noch zur Verwirklichung Ihrer führenden Werte bei? Ändern Sie die Zielformulierungen entsprechend ab.

Sie haben nun für eine sehr lange Zeitspanne Ziele festgelegt. Damit lässt sich jedoch in der Praxis etwas anfangen. Es gilt diese Ziele nun auf kürzere Zeiträume herunterzubrechen.

Wiederum gilt es nun den Zeitrahmen einzuengen. Die nächste Übung bezieht sich daher auf Ihre Jahresziele.

ÜBUNG: JAHRESZIELE

Welche Jahresziele lassen sich aus den obigen 5-Jahreszielen ableiten? Was wollen Sie innerhalb des nächsten Jahres erreichen? Formulieren Sie für alle Lebensfelder ein bis drei (nicht mehr – Pareto-Prinzip!) Jahresziele. Und nicht vergessen: B-SMART!

Berufliche Ziele: ....

Stellenziele: ....

Karriereziele: ....

Soziale Beziehungen: ....

Private Zeit: ....

Körperliche Gesundheit: ....

Versetzen Sie sich in Ihrer Vorstellung wiederum in den Zielzustand. Sind die Formulierungen so in Ordnung? Gibt es widersprüchliche Ziele? Orientieren sich die Ziele an Ihren führenden Werten? Nehmen Sie gegebenenfalls entsprechende Veränderungen vor.

Sie haben nun Ihre aktuellen Jahresziele festgelegt. Auch diese werden wir mit den weiteren Übungen in Monats- und Wochenziele überführen. Zunächst aber sollten Sie ein Gesamtbild Ihrer bisherigen Ziele erstellen – Ihre persönliche Zielmatrix.

ÜBUNG: IHRE PERSÖNLICHE ZIELMATRIX

Führende Werte:

1.) .... 4.) ....

2.) .... 5.) ....

3.) .... 6.) ....

	Berufliche Ziele – Stellenziele	Berufliche Ziele – Karriereziele	Soziale Beziehungen	Private Zeit	Körperliche Gesundheit
Lebensziele					
5-Jahres-Ziele					
Jahresziele					

Jeder Weg beginnt mit dem ersten Schritt

Sie haben nun einen Überblick über Ihre Ziele für das aktuelle Jahr. Aber der Weg zum Erreichen dieser Ziele ist im Ganzen kaum überschaubar. Es ist also nötig, diese Ziele weiter herunterzubrechen – auf Monatsziele und schließlich auch auf Wochenziele. Von großer Wichtigkeit ist dabei allerdings eine sorgfältige Planung. Wer als Monatsziele lediglich die jeweils nächsten Schritte zur Erreichung der Jahresziele formuliert, läuft Gefahr, sich zu verzetteln und zu Silvester lediglich einen Teil des Weges zurückgelegt zu haben.

Zunächst gilt es also, eine Struktur für das Erreichen von Zielen zu finden. Generell stellt sich die Situation so dar: Es gibt einen angestrebten Zielzustand (SOLL-Situation) und einen aktuellen Zustand (IST-Situation). Es müssen nun Schritte gefunden werden, um von der IST- zur SOLL-Situation zu gelangen. Dies kann sehr systematisch geschehen: Zunächst geht es immer darum, den angestrebten SOLL-Zustand genau zu definieren. Dies haben Sie mit den B-SMART-Formulierungen zu Ihren Zielen bereist geleistet. Der nächste Schritt ist die genaue Analyse des Problems. Beschreiben Sie dazu den jeweiligen IST-Zustand möglichst anhand der Messkriterien des SOLL-Zustandes. Wenn es also darum geht, die Zeit für die Bearbeitung der Tagespost auf eine Stunde zu reduzieren, ermitteln Sie genau, wie lange Sie aktuell dafür benötigen. Untersuchen Sie dann, welche Ursachen und Einflussfaktoren für die Lösung des Problems (Differenz zwischen IST- und SOLL-Zustand) eine Rolle spielen. Auf der Basis dieser Einsichten können dann Lösungsalternativen entwickelt werden.

Schritt für Schritt zum Erfolg

Wie beim klassischen Brainstorming ist es dabei sinnvoll, zunächst nicht zu bewerten, sondern einfach eine Vielzahl möglicher Lösungsschritte »zusammenzuspinnen«. Erst im nächsten Schritt gilt es diese zu bewerten und die erfolgversprechendsten (Pareto-Prinzip!) Ansätze herauszufiltern. Entscheiden Sie sich für eine Lösung und kontrollieren Sie auf Ihrem Weg ständig, wie erfolgreich Sie damit sind.

Probleme systematisch lösen

Menschen neigen dazu, im Falle von Misserfolgen den gewählten Weg mit höherer Intensität weiterzugehen. Dies führt nur in seltenen Fällen zum Erfolg und meist auch nur dann, wenn der Weg so intensiv verfolgt wird, dass das Vorgehen selbst damit eine neue Qualität erhält. Wer es beispielsweise trotz eines hohen Arbeitstempos nicht schafft, alle gestellten Aufgaben zu erreichen, wird selten erfolgreicher, wenn er noch schneller arbeitet. Effektiver als derartige Vorgehensweisen ist es oft, nach neuen Lösungswegen zu suchen (in unserem Beispiel: sorgfältiger planen, Prioritäten setzen, Arbeitsabläufe vereinfachen und – wann immer möglich – delegieren). Bleiben Sie also flexibel und halten Sie nur dann an Ihrem Plan fest, wenn sich zeigt, dass Sie damit wirklich erfolgreich sind.

Projekt: Jahresziel

Um die Kontrolle über Fortschritte oder Stagnation zu haben, ist es sinnvoll, für die Jahresziele einen Projektplan zu erstellen. Die umzusetzenden Arbeitsschritte werden in eine zeitliche Reihenfolge gebracht und in regelmäßigen Abständen (»Meilensteine«) wird der Fortschritt überprüft, so dass nötigenfalls rechtzeitig gegengesteuert werden kann.

PLP – DER PROBLEM-LÖSE-PROZESS

1.) Zieldefinition (SOLL)
2.) Problembeschreibung (IST) und -analyse
3.) Sammlung von Lösungsmöglichkeiten (Brainstorming)
4.) Lösungsalternativen bewerten – Entscheidung für ein Vorgehen
5.) Umsetzung
6.) Kontrolle und gegebenenfalls flexibles »Umplanen«

Betrachten Sie also Ihre Jahresziele als Projekte. Mit der folgenden Übung können Sie übersichtliche und differenzierte Pläne dazu anlegen.

ÜBUNG: PROJEKTPLANUNG JAHRESZIEL

Fotokopieren Sie sich diese Seiten. Sie ist für alle komplexeren Probleme ein wertvolles Planungsinstrument. Erstellen Sie für alle Ihre Jahresziele einen solchen Projektplan.

Ihr Jahresziel:

Zieldefinition:
Definieren Sie Ihr Jahresziel (B-SMART!):

Problemanalyse:
Beschreiben Sie möglichst konkret und unter Verwendung der Messkriterien für die Zeilerreichung den aktuellen IST-Stand:

Aufgrund welcher Faktoren ist dieser IST-Stand entstanden, durch welche Einflüsse wird er aufrecht erhalten?

Was wurde bisher zur Erreichung des Zieles versucht? Warum waren die bisherigen Versuche nicht erfolgreich?

Mit welchen anderen Zielen steht das Ziel im Einklang/im Konflikt? Wie ist damit umzugehen?

Welche Personen haben einen positiven/negativen Einfluss auf die Zielerreichung? Wie ist damit umzugehen?

Welche (materiellen, finanziellen, menschlichen ...) Ressourcen stehen zur Erreichung des Zieles zur Verfügung?

Welche Freiräume begünstigen/welche Barrieren verhindern das Erreichen des Zieles?	
Welche weiteren Hindernisse und Probleme sind auf dem Weg zum Ziel zu erwarten? Wie ist damit umzugehen?	
Handlungsplan: Mit welchen Handlungen lässt sich das Ziel voraussichtlich erreichen? Welche Handlungen wirken sich voraussichtlich positiv/negativ auf die Zielerreichung aus?	
Beschreiben Sie den Gesamtablauf zur Erreichung des Zieles:	Termine:
Welche Zwischenziele sind Meilensteine, an denen überprüft werden kann, ob das Projekt die erwarteten Fortschritte macht?	»Meilenstein«-Termine (Faustregel: So viele Meilensteine, dass das Projektziel bei Abweichungen durch neue Anpassungen im Vorgehen noch erreicht werden kann):
Der Handlungsplan wird nun die Grundlage sein, auf der Sie die weiteren Monats- und Wochenpläne erstellen.	

Meilensteine: Kontrolle der Zielerreichung

Notieren Sie sich die Meilenstein-Termine unbedingt in Ihrem Kalender und überprüfen Sie regelmäßig den Status des jeweiligen Projektes! Passen Sie Ihr Vorgehen gegebenenfalls an – auch dabei kann Ihnen der Projektplanungsbogen eine wertvolle Hilfe sein.
Vielleicht erkennen Sie nach dieser differenzierten Planung, dass Sie nicht alle für das aktuelle Jahr gesetzten Ziele erreichen gleichzeitig erreichen können – »schrauben« Sie das Zielniveau gegebenenfalls etwas herunter.

Sie haben nun sehr übersichtliche Handlungspläne für das Erreichen Ihrer Jahresziele entwickelt. Auf dieser Basis können nun Monats- und Wochenpläne erstellt werden

ZWEI KLEINE TIPPS ZUR SELBSTMOTIVATION

- Betrachten Sie Ihre Jahreszielprojekte nicht als Nebensächlichkeit – machen Sie einen echten »Knüller« daraus! Nennen Sie z.B. ein Projekt nicht »Beruflicher Aufstieg«, sondern »In einem Jahr zum Firmen-Star« ...
- Nehmen Sie auch ein erfolgreich abgeschlossenes Jahresprojekt nicht als Alltäglichkeit hin – belohnen Sie sich für Ihre Mühen, feiern Sie einen erfolgreichen Projektabschluss mit Menschen, die Ihnen verbunden sind.

Was muss ich tun? – Monats- und Wochenziele

Auch die recht differenzierten Projektpläne für die Jahresziele sind noch keine Richtschnur für das, was Sie täglich tun müssen. Wiederum gilt es noch feiner zu planen, auf Monats- und auf Wochenebene.

Am Ende des Planungsprozesses steht die Planung auf Tagesebene. Wir werden uns damit in Kapitel 5 eingehender befassen, wenn es um Zeitplanung geht. Für den Überblick »Was muss ich tun?« mögen hier zunächst Wochenziele ausreichen.

ÜBUNG: MONATS-/WOCHENZIELE

Fotokopieren sie dieses Übungsformular 12-mal für die Planung Ihres Jahres. Listen Sie unter den Monatszielen auf Basis der Jahres-Projektpläne alle Ziele für jeden Monat Ihres »Planungsjahres« auf. Nehmen Sie dann die Formulare für den aktuellen und den folgenden Monat und leiten Sie aus diesen Zielen jeweils Wochenziele ab. Sobald Sie erkennen, dass Sie sich selbst unrealistisch hohe Zeitanforderungen gestellt haben, müssen die entsprechenden Jahrespläne überdacht und verändert werden.

Monatsziele

Berufliche Ziele:

Stellenziele:

Karriereziele:

Soziale Beziehungen:

Private Zeit:

Körperliche Gesundheit:

Wochenziele **1. Woche: von .... bis ....**	**Zeitaufwand für die Erreichung der Ziele**
Berufliche Ziele:	
Stellenziele:	
Karriereziele:	
Soziale Beziehungen:	
Private Zeit:	
Körperliche Gesundheit:	
2. Woche: von .... bis	**Zeitaufwand für die Erreichung der Ziele**
Berufliche Ziele:	
Stellenziele:	
Karriereziele:	
Soziale Beziehungen:	
Private Zeit:	
Körperliche Gesundheit:	
3. Woche von .... bis	**Zeitaufwand für die Erreichung der Ziele**
Berufliche Ziele:	
Stellenziele:	
Karriereziele:	
Soziale Beziehungen:	
Private Zeit:	
Körperliche Gesundheit:	

4. Woche: von .... bis	**Zeitaufwand für die Erreichung der Ziele**
Berufliche Ziele:	
Stellenziele:	
Karriereziele:	
Soziale Beziehungen:	
Private Zeit:	
Körperliche Gesundheit:	
5. Woche: von .... bis	**Zeitaufwand für die Erreichung der Ziele**
Berufliche Ziele:	
Stellenziele:	
Karriereziele:	
Soziale Beziehungen:	
Private Zeit:	
Körperliche Gesundheit:	

Sie haben nun eine differenzierte Zielplanung für die Wochen des aktuellen und des folgenden Monats. Diese Ziele dienen Ihrer Prioritätensetzung. In allen Bereichen Ihres Lebens haben Sie nun Richtungsweiser, die Ihnen helfen, die Frage »**Muss** ich das jetzt tun?« zu beantworten. Erinnern Sie sich an das Pareto-Prinzip: Das Wichtigste muss immer zuerst getan werden! Wichtig sind die Dinge, die Ihnen helfen, Ihre Ziele zu erreichen.

Planung »à jour«?

Sobald ein Monat »abgearbeitet« ist, sollten Sie die Planung für die folgenden zwei Monate aktualisieren. Ebenfalls sollten Sie mindestens einmal jährlich überprüfen, ob Ihre langfristige Planung (Lebensziele/5-Jahres-Ziele/Jahresziele) noch aktuell ist. Vergessen Sie nicht Ihre Säge scharf zu halten …

DON'T FORGET: PARETO-/ EISENHOWER-PRINZIP

Erledigen Sie das Wichtige vor dem Dringenden!
Ihre Ziele sind die Entscheidungsgrundlage, um Wichtiges und Unwichtiges zu trennen.

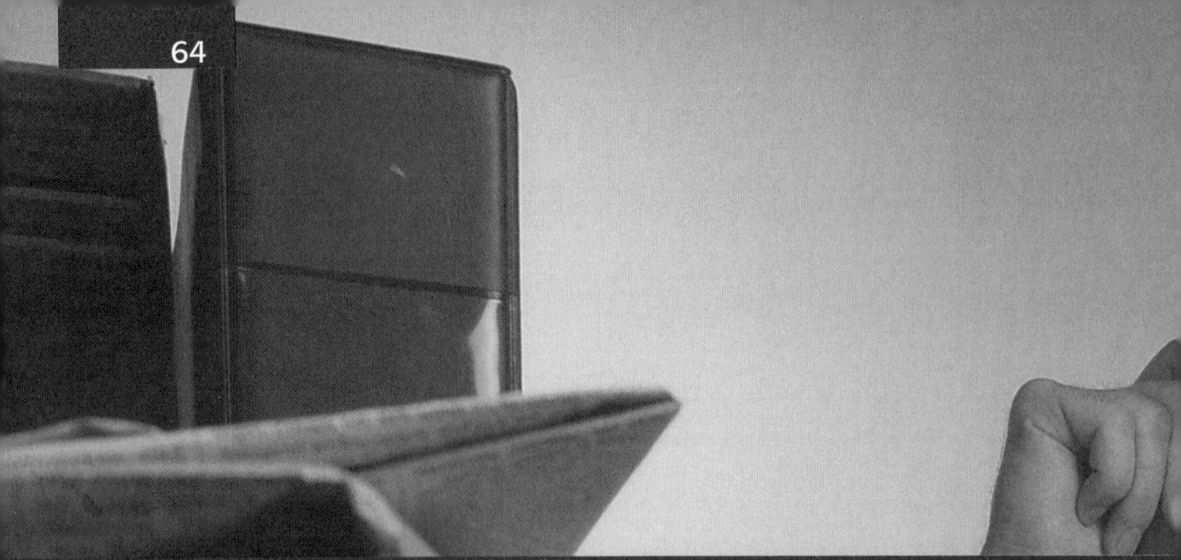

Wie optimiere ich mein Umfeld?

Wie arbeite ich effizient?

Wie gewinne ich Zeit?

4 Büroorganisation Delegieren Gesprächsführung

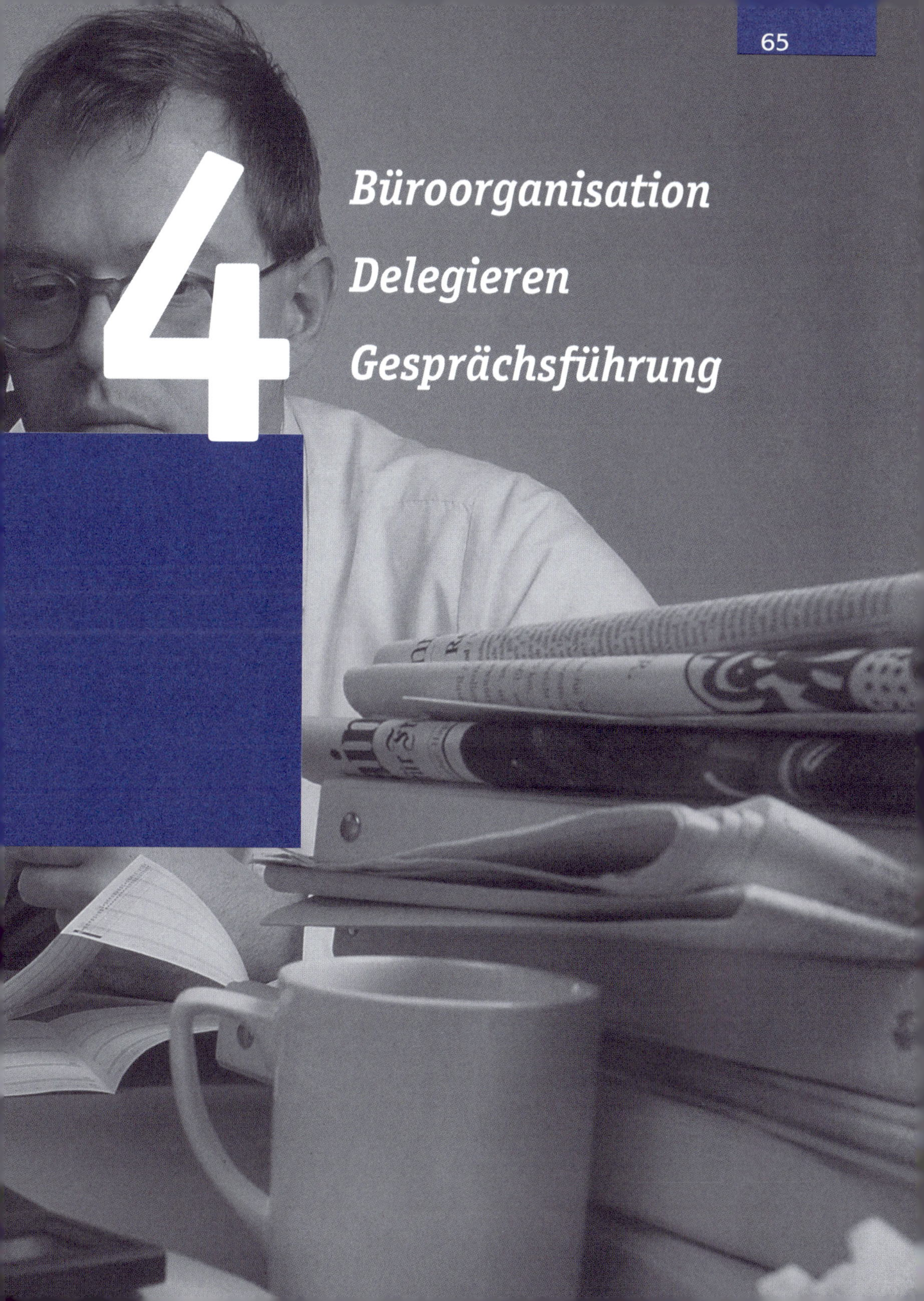

Arbeitsmethodik

Leistung steigern

Unter diesem Aspekt werden bei der Frage »Muss **ich** das jetzt **so** tun?« die Wörter »ich« und »so« betont. Es geht hier darum, die eigenen Ressourcen – vor allem die zur Verfügung stehende Zeit – so zu nutzen, dass die Erfolge maximiert werden. Mit dem Wissen um unsere Ziele können wir sagen: Es gilt, unsere Zeit so einzusetzen, dass sie in erster Linie dem Erreichen unserer Ziele dient. Was ist nun der Kerngedanke einer wirkungsvollen Arbeitsmethodik?

Entlastung durch Delegation

Wie können wir uns in unserer Arbeitszeit am besten auf die Erreichung von Zielen fokussieren? Dazu haben wir zwei Möglichkeiten: Effizientes Arbeiten und Delegieren.

Effizientes Arbeiten

Bereits im Kapitel zur Selbstanalyse haben Sie den Gedanken der »Produktionsleistung« bzw. der Wertschöpfung kennen gelernt. Wissen Sie noch, wie viel Zeit Sie wirklich wertschöpfend nutzen? Welcher Teil Ihrer aufgewendeten Zeit dient wirklich der »Produktion«, dem Erreichen von Zielen? Wie viel Zeit hingegen befassen Sie sich mit Aufgaben, die nicht in erster Linie produktiv sind? Wer 90 % seiner Zeit mit solchen nicht direkt produktiven Aufgaben verbringt

Effizienz

(Ablage, unnötig lange Telefonate, Suchen ...), kann bereits bei einer Reduktion dieser »Zeitverschwendung« um 10 % seine »Produktion« verdoppeln – waren vorher nur 10 % der eingesetzten Zeit produktiv, so sind es dann 20 %! Werfen Sie einen Blick auf die Auswertung Ihres Zeittagebuches. Wie sehr profitiert Ihre Zeitaufteilung bei einer Reduktion der Zeitverschwendung um 10 %? Wie sehr bei 30 %? Ist es da nicht angebracht, intensiv darüber nachzudenken, wie Sie Ihre persönliche Zeitnutzung optimieren können?

Delegieren

Ging es beim effizienten Arbeiten darum, wie Sie selbst mit möglichst wenig Aufwand möglichst viel erreichen können, so ist für ein Gewinn bringendes Delegieren zu überlegen, ob nicht ein anderer eine anstehende Aufgabe effizienter erledigen kann. Wer kann eine Aufgabe mit einem günstigeren Kosten-Nutzen-Verhältnis ausführen? Jeder Mensch ist dann am effektivsten, wenn er die Fähigkeiten und Fertigkeiten zur Erledigung seiner Aufgaben besitzt und wenn er motiviert dazu ist, d.h. wenn die Aufgaben seinen Zielen dienen. Welche Aufgaben sollten Sie unter diesem Gesichtspunkt abgeben? Gibt es vielleicht gar Spezialisten, die eine Aufgabe viel schneller und effizienter erledigen würden?

Grundlage einer geschickten und erfolgreichen Arbeitsmethodik ist das Prinzip der Effizienz: Wie kann ein Vorgang mit einem günstigsten Kosten-Nutzen-Verhältnis erledigt werden? Wie können Sie Ihre Zeit so gestalten, dass Sie Ihre Konzentration in erster Linie auf die Erreichung von Zielen richten?

ARBEITSMETHODIK

Prinzip der Effizienz: Kosten vs. Nutzen

- Erreiche möglichst viel mit möglichst wenig Aufwand!
- Effizientes Arbeiten: Muss ich das jetzt **so** tun? – Wie kann ich es effizienter erledigen?
- Delegieren: Muss **ich** das jetzt so tun? – Wer kann es effizienter erledigen?

Immer wieder taucht das typische Problem mangelnder Effizienz auf. In diesem Kapitel finden Sie Hinweise zu effizientem Arbeiten und zum Delegieren in solchen Situationen. Dabei ist die Gefahr groß, sich bereits mit dem Wissen um solche Möglichkeiten zufrieden zu geben. Von Wissen allein werden Sie jedoch nicht profitieren. Denken Sie an Erich Kästners Satz: »Es gibt nichts Gutes – außer man tut es!« Bearbeiten Sie für jeden dargestellten Lösungsansatz die Jetzt-oder-nie-Frage und dann – handeln Sie effizient!

Zeitfresser Perfektionismus

Gut ist besser als perfekt …

Eine der häufigsten Ursachen für ein schlechtes Kosten-Nutzen-Verhältnis bei der persönlichen Zeitnutzung ist Perfektionismus. Überzogene Pünktlichkeit, wiederholte kleine Verbesserungen bei der Anfertigung von Schriftstücken, zwanghaft häufiges Überprüfen bereits abgeschlossener Aufgaben …

Erinnern Sie sich noch an das Pareto-Prinzip? Mit 20 % der Kosten bzw. des Aufwandes lassen sich bereits 80 % des Nutzens, des Erfolges erreichen. Der Gewinn durch ein »immer wieder Verbessern«, durch ständiges Perfektionieren, ist bei genauer Betrachtung oft verschwindend gering.

Perfektionismus ist eine unnötige Zusatzleistung, ein »noch mehr Tun«, das keinen angemessenen Gegenwert schafft. Sind Sie ein Perfektionist? Wo setzen Sie überflüssigerweise »immer noch einen drauf«? Wo zahlen Sie einen höheren Preis als nötig? Die folgende Übung hilft Ihnen, Ihre Perfektionismus-Fallen zu entschärfen:

ÜBUNG: ENTSCHÄRFEN SIE IHRE PERFEKTIONISMUS-FALLEN

Nehmen Sie für die folgende Übung Ihr bearbeitetes Zeittagebuch aus Kapitel 2 zur Hand. Gehen Sie in Ihren Gedanken noch einmal an den Wochenanfang. Vor Ihnen liegt eine typische Arbeitswoche und Sie werden sowohl in Ihren Beruf als auch in Ihren anderen Lebensbereichen die anstehenden Aufgaben zu erledigen haben. Aber nun stellen Sie sich Folgendes vor: Der Montag, der auf diese Woche folgt, ist ein für Sie unglaublich wichtiger Tag: Ihre Hochzeit, eine lang ersehnte Urlaubsreise … Ein Ereignis von höchster Priorität. Und für dieses Ereignis brauchen Sie Zeit für Vorbereitungen.

Gehen Sie nun im Geist die Woche durch, sehen Sie sich Ihre Tätigkeiten an und suchen Sie nach übertriebenem Perfektionismus. Wo könnten Sie Zeit gewinnen und trotzdem (fast) gleichwertige Ergebnisse erzielen, wenn Sie nicht mehr »einen draufsetzen«?

Achtung: Wir wollen uns hier nur auf die Perfektionismus-Fallen konzentrieren. Sie sollen also bei Ihrer »Wochendurchsicht« weiterhin alle Aufgaben erledigen und im Wesentlichen die gleichen Ergebnisse erreichen. Versuchen Sie allein dadurch Zeit zu gewinnen, dass Sie unnötigen Perfektionismus reduzieren.

Tragen Sie alle Perfektionismus-Fallen, die Sie jetzt erkennen oder die Ihnen später noch einfallen, in die folgende Liste ein.

Meine Perfektionismus-Fallen:

-
-
-
-
-
-
-

Gefahr erkannt – Gefahr gebannt!

Formulieren Sie nun für jede Perfektionismus-Falle eine Rettungs-Regel in Wenn-Dann-Form. Z.B.: »Wenn ich ein Schriftstück einmal Korrektur gelesen habe und keine Fehler entdeckt habe, beende ich den Vorgang!« Achten Sie dabei darauf, dass Sie im Wesentlichen das gleiche Ergebnis bei reduziertem Aufwand erzielen!

Hängen Sie diese Liste deutlich sichtbar an Ihren Arbeitsplatz bzw. dahin, wo Ihnen die Wenn-dann-Sätze in den typischen »Fallen-Situationen« deutlich ins Auge springen können.

GUT IST BESSER ALS PERFEKT!

Wenn

dann

Wenn

dann

Wenn

dann

Effizientes Arbeiten

Routinearbeiten rationalisieren

Neben den Perfektionismus-Fallen gibt es einige alltägliche Handgriffe, die Zeit und Aufwand kosten, aber kaum direkt zur Zielerreichung beitragen. Vor allem im Bezug auf das Berufsleben sind dies häufig typische Bürotätigkeiten wie das Ablegen von Akten oder das Anfertigen von Schriftstücken. Ein besonderes Problemfeld ist dabei sicher auch der Kontakt mit anderen Menschen (Telefonieren, »langatmige« Besucher ...). Hier neigen wir oftmals dazu, Zeit aufzuwenden, die für andere Aufgaben besser eingesetzt wäre. Aber Vorsicht: Menschen sind soziale Wesen! Kontakt ist ein wichtiges Bedürfnis, das sowohl für die anderen als auch für uns wichtig ist – im Zusammenhang mit notwendigen Arbeitsabläufen, aber auch als Selbstzweck! Wer sich zu sehr abschottet, manövriert sich in die soziale Isolation. Ein effizientes »Kontakt-Management« erfordert also viel Fingerspitzengefühl. Bei welchen Tätigkeiten würde ein effizientes Vorgehen für Sie besonders sinnvoll sein?

ÜBUNG: PERSÖNLICHE ARBEITSORGANISATION

(Bitte ankreuzen)

Durch effizientere(s) ...	... würde ich ...			
	... sehr viel Zeit sparen.	... viel Zeit sparen.	... wenig Zeit sparen.	... (fast) keine Zeit sparen.
Ablegen, Speichern u. Wiederfinden Akten/Informationen				
Arbeitsplatzgestaltung				
Umgehen mit (langatmigen) Besuchern				
Telefonieren				
Besprechungen				
Umgehen mit Störungen				
Diktieren				

Denken Sie an das Pareto-Prinzip – vor allem, wenn Sie sofort Möglichkeiten mit großem Einspar-Potential umsetzen, können Sie viel Zeit gewinnen.

Ablegen, speichern und – wiederfinden!

Eine der Tätigkeiten, die fast jedes Berufsbild bestimmt, ist die Speicherung und das Wiederabrufen von Informationen – in der Regel in Papierform, in Akten. Nicht selten raubt dieses »Akten-Management« Zeit und manchmal auch Nerven – Ordner herausholen, Blätter lochen, abheften, wieder herausnehmen, umsortieren …

Alles an Ort und Stelle?

Um die Ablage und Informationsverwaltung möglichst effizient zu gestalten, existieren eine ganze Reihe praktischer Hilfen und Aufbewahrungssysteme der verschiedensten Arten, die jedoch nicht immer wirklich überlegt genutzt werden. Wer sich also mit einem effektiven Ablagesystem organisieren will, der muss sich zunächst die Frage stellen, welche Lösung für welche Situation am besten geeignet ist.

DIE EFFIZIENTE ABLAGE

Ablagesystem	Pro	Contra	Nutzen
Aktenordner	• geordnete Ablagemöglichkeit (Register verwenden!) • sichere Ablage • gute Transportierbarkeit	• platzraubend • statisch und unflexibel • keine »schwebenden« (in Bearbeitung befindlichen) Vorgänge	• zur Ablage von abgeschlossenen Vorgängen/Archivunterlagen
Hängeregister	• flexibel • Terminierung durch Reiter möglich	• »Loseblattsammlung«/Durcheinander • Gefahr des Verlierens von eingelegten Notizen	• das Top-Instrument zur Verwaltung schwebender Vorgänge • regelmäßig aussortieren – Abgearbeitetes gehört in einen Aktenordner

Karteikasten mit Register	• Systematisierung der »Zettelwirtschaft« • geordnete Ablage nach Themenschwerpunkt • sehr flexibel • lässt sich gut ergänzen • je nach Größe gut transportierbar	• keine sichere Ablage	• flexible Ablage zu einem bestimmten Themenschwerpunkt, z.B. Kundenkartei, Projektkartei ...
Wiedervorlage-Mappen	• flexibel • Möglichkeit der Terminierung von Vorgängen • gut transportierbar • leicht ergänzbar	• Gefahr des Durcheinanders • Gefahr von Verlusten • begrenzte Kapazität	• Terminierung von Vorgängen, Überwachung von zeitlichen Fortschritten
Aktenbehälter (Ein, Aus, Pendent ...)	• Ordnung auf dem Schreibtisch • schnelle Ablage	• bei Überfüllung: »Aktengrab«	• nur für das Tagesgeschäft oder für schnell rotierende Vorgänge • keinesfalls für längere Ablage
PC	• hohe Kapazität • umfangreiche Möglichkeiten der Systematisierung • Verwendung der gespeicherten Information in verschiedenen Zusammenhängen möglich (z.B. Serienbriefe ...) • schnelle Kommunikationsmöglichkeit (E-Mail)	• keine sinnvolle Speichermöglichkeit für eingehende Vorgänge (z.B. Posteingänge) • effiziente Nutzung erfordert Kenntnisse • Dateneingabe unter Umständen zeitaufwändig • Zugriffszeiten	• zur Speicherung von Informationen, die in verschiedenen Zusammenhängen wieder benötigt werden • zur langfristigen Speicherung von Daten • zur elektronischen Kommunikation (E-Mail)

Kernstück Ihres Ablagesystems sollte nach diesen Überlegungen am besten eine Hängeregistratur sein. Hier können Sie »schwebende« Vorgänge sinnvoll und effizient, geordnet nach Stichwort und/oder Termin, ablegen. Dabei ist allerdings darauf zu achten, dass die Registermappen wirklich nur für schwebende Vorgänge reserviert bleiben. Alle abgeschlossenen und in absehbarer Zeit nicht mehr benötigten Arbeiten hingegen sind besser in einem entsprechenden Aktenordner aufgehoben.
Nutzen Sie Ablagebehälter nur für das Tagesgeschäft, sonst werden sie in kürzester Zeit zum überfüllten »Informationsgrab«. Wiedervorlagemappen sind optimal für termingebundene Informationen, für andere schwebende Vorgänge erscheint die Hängeregistratur sinnvoller. Für die Speicherung von Daten, die immer wieder in verschiedensten Zusammenhängen verwendet und bearbeitet werden, ist der PC das Werkzeug der Wahl, für Daten, die häufig schnell verfügbar sein müssen, können Karteikästen ihm wegen der kürzeren Zugriffszeit allerdings manchmal überlegen sein (Kundenkartei mit Telefonnummern ...).

RULES & TOOLS: DAS EFFIZIENTE ABLAGESYSTEM

Rules:

- Jeder Vorgang hat einen festen Platz!
- Die Speicherung richtet sich nach den Eigenschaften des Vorganges!
- Jeder Ablageort ist so beschriftet, dass auch ein Außenstehender sich zurechtfindet!

Tools:

- Legen Sie für alle umfassenderen schwebenden Vorgänge jeweils eine eigene Hängeregistermappe an. Beschriften Sie den Reiter mit einem aussagekräftigen Titel und gegebenenfalls auch mit dem nächsten zugehörigen Termin. Nutzen Sie die Registratur vor allen Dingen auch, um Prioritäten zu setzen – Wichtiges und Dringendes kommt nach vorne.
- Informationen, die in absehbarer Zeit nicht mehr benötigt werden, gehören in Aktenordner. Aktenordner sorgfältig beschriften: Vorgang, Datum ...
- Langfristig benötigte Daten, die weiterverarbeitet werden, sind im PC als Datenbank (z.B. MS-Access) gespeichert.
- Daten, auf die sehr schnell zugegriffen werden muss, sind am besten im Karteikasten untergebracht.

Vorteile kombinieren – Ihr Ablagesystem

Voller vs. leerer Tisch

- Wiedervorlage-Mappen nur für termingebundene Vorgänge verwenden.
- Ablagebehälter sind nur für das Tagesgeschäft bestimmt.
- Machen Sie Ihren Papierkorb zu Ihrem besten Freund. Was nicht mehr gebraucht wird, ist hier am besten aufgehoben.

Legen Sie jetzt Ihre Vorgehensweise zu einem effizienteren Ablagesystem fest. Tragen Sie neben der Jetzt-oder-nie-Frage weitere Schritte in Ihren Ideen-Speicher ein und notieren Sie dort ebenfalls die dazu gehörenden Endtermine.

JETZT ODER NIE?

Auf welche Art wollen Sie die Informationen, die Sie bisher erhalten haben, in den nächsten 48 Stunden konkret in Ihrem Leben anwenden?

1. ....
2. ....
3. ....

Arbeitsplatzgestaltung

»Wer keine Ordnung hält, ist nur zu faul zum Suchen.« »Ein Genie beherrscht das Chaos.« Mit solchen charmant-schnodderigen Sprüchen schmücken sich gerne die »Volltischler«, zu erkennen an einem überfüllten Arbeitstisch – man hat halt viel zu tun ...

Wie steht es hier mit der Effizienz? Ist ein günstiges Kosten-Nutzen-Verhältnis bei einem chronisch überladenen Schreibtisch überhaupt möglich? Wie sieht Ihr Schreibtisch aus? Wie viel Zeit verbringen Sie mit Suchen, Ordnen, Herbeiholen von Arbeitsmaterial?
Effiziente Arbeitsgestaltung erfordert einen freien und zweckmäßigen Arbeitsplatz. Mit der richtigen Nutzung von Ablagesystemen kennen Sie sich nun bereits aus, alle Papiere und Vorgänge sollten jetzt einen festen Ort haben. Folgende Grundsätze helfen Ihnen, die Effizienz Ihres Arbeitsplatzes weiter zu optimieren.

RULES & TOOLS: IHR ARBEITSPLATZ

Rules:

- Auf dem Schreibtisch befindet sich immer nur der aktuelle Vorgang.
- Alle anderen Vorgänge sind zweckmäßig abgelegt.
- Alles hat seinen festen Platz.

Tools:

- Alles, was Sie täglich brauchen, befindet sich in Griffnähe. Alles, was Sie wöchentlich brauchen, ist mit wenig Schritten und Handgriffen erreichbar. Alles andere ist sorgfältig abgelegt.
- Geheimtipp: Zweite Ablagefläche! Bestimmen Sie einen zweiten

Schreibtisch oder ein großes Schrankfach zur Ablagefläche für Dinge, die zu schwebenden Vorgängen gehören, sich aber nicht in einer Hängemappe unterbringen lassen (Bücher, notwendige Gegenstände ...).

- Achten Sie darauf, dass neben dem PC genügend Schreibfläche vorhanden ist. Handschriftliche Tätigkeiten und Arbeiten am PC müssen häufig gleichzeitig erfolgen. Ein ständiges Umsortieren vermindert Ihre Effizienz. Für Arbeiten am PC ist ein Vorlagenhalter eine hilfreiche Einrichtung.
- Verhindern Sie, dass Vorgesetzte und Kollegen Ihren Tisch zur Ablagefläche machen. Bestimmen Sie für diesen Zweck eine spezielle Fläche und machen Sie dies Vorgesetzten und Kollegen deutlich.
- Wenn Sie eine Sekretärin haben, legen Sie möglichst viele Vorgänge bei ihr ab. Wichtig: Verlieren Sie dabei nicht die Übersicht über anstehende Aufgaben, behalten Sie Vorgänge mit hoher Priorität in einer übersichtlichen Hängeregistratur in Arbeitsplatznähe oder arbeiten Sie mit To-Do-Listen.
- Delegieren Sie möglichst viel und vollständig. Kontrollieren Sie dabei eher das Erreichen von Zielen als die Ausführung einzelner Arbeitsschritte, das spart Zeit und Papier.
- Es muss nicht alles über Ihren Schreibtisch laufen. Konzentrieren Sie sich in erster Linie auf das Wichtige. Legen Sie mit Ihren Mitarbeitern genau fest, welche Informationen Sie erhalten müssen und was ohne negative Konsequenzen »an Ihnen vorbei« erledigt werden kann.
- Längere Abwesenheiten schaffen unübersichtliche Papierstapel. Legen Sie rechtzeitig eine Stellvertretung fest.

Ein aufgeräumter Arbeitsplatz ist die Grundlage für ein effizientes und motiviertes Arbeiten. Wie werden Sie Ihren Arbeitsplatz effizienter gestalten? Legen Sie die nächsten Schritte fest und notieren Sie längerfristige Pläne in Ihrem Ideen-Speicher.

JETZT ODER NIE?

Was werden Sie in den nächsten 48 Stunden konkret tun, um Ihren Arbeitsplatz effizienter zu gestalten?

1. ....
2. ....
3. ....

»Schön, dass Sie wieder gehen ...«

Häufig werden Besucher als Zeitdiebe empfunden. Kunden, Vorgesetzte und Mitarbeiter erscheinen an Ihrem Arbeitsplatz, um etwas mit Ihnen zu besprechen, und nicht selten kommt man vom eigentlichen Thema weit ab, blickt innerlich auf die Uhr und spürt die vorüberziehende Zeit, während immer neue Themen angeschnitten werden.

Gespräche steuern

Sicher, Gespräche sind notwendig. Aber oft geht der zeitliche Aufwand bedeutend über das notwendige Maß hinaus. Wo eine effiziente Gesprächsführung notwendig ist, lassen sich **zwei Aspekte** betrachten: den **sachlichen** und den **zwischenmenschlichen**. Gespräche sind sachlich notwendig, um Inhalte, Ziele und Vorgehensweisen bei der Zusammenarbeit abzustimmen. Der zwischenmenschliche Aspekt besteht darin, eine positive Beziehung aufzubauen und zu unterstützen, die zum einen die Basis für eine erfolgreiche Zusammenarbeit darstellt, zum anderen aber auch den Aspekt der sozialen Verantwortung berührt. Wer seine Mitmenschen nur als Werkzeug im Prozess der Zielerreichung betrachtet, befindet sich schnell auf dem Weg in die soziale Verarmung.

Gespräche: sachliche und zwischenmenschliche Ebene

NOTWENDIGKEIT VON GESPRÄCHEN

- Sachlicher Aspekt: Inhalte der Zusammenarbeit. Kriterium für die Beendung des Gespräches: Ziele, Vorgehensweisen und Verantwortlichkeiten sind eindeutig geklärt.
- Zwischenmenschlicher Aspekt: Wertschätzung für den Gesprächspartner. Kriterium für die Beendigung des Gespräches: Der Gesprächspartner hat Ihre (ernst gemeinte!) Wertschätzung deutlich erfahren.

Ihr Ziel muss es sein, Gespräche auf den sachlich und zwischenmenschlich notwendigen Zeitrahmen zu begrenzen. Die Balance zwischen diesen beiden Ebenen zu halten, ist dabei eine Aufgabe, die sehr viel Fingerspitzengefühl verlangt. Behalten Sie die genannten Kriterien für die Beendigung des Gespräches im Sinn und arbeiten Sie gezielt darauf hin. Setzen Sie dabei keine Maske auf – alle Menschen haben feine Antennen, um zwischen echter und aufgesetzter Wertschätzung zu unterscheiden.

Wertschätzung zeigen

Fragen Sie sich: Welche Eigenschaften (vielleicht ganz unabhängig vom konkreten Gesprächsanlass) sind an meinem Gegenüber liebenswert? Was kann ich an ihm besonders schätzen? Nehmen Sie im Gespräch deutlich auf solche Eigenschaften Bezug.

RULES & TOOLS: UMGANG MIT (LANGATMIGEN) BESUCHERN

Rules:

- Gesprächsdauer – so lang wie (sachlich und zwischenmenschlich) nötig, so kurz wie möglich.
- Gezielt auf Erreichen der »Notwendigkeits-Kriterien« hinarbeiten, dann Gespräch höflich beenden.

Tools:

- Planen Sie Gespräche im Voraus. Sprechen Sie Besuchstermine vorher ab – legen Sie vor allem auch vorher einen Zeitpunkt für das Gesprächsende fest!
- Lassen Sie Besucher durch die Sekretärin aussortieren – Regel: Konzentration auf die wichtigen Dinge.
- Finden Sie für häufige Besucher regelmäßige Termine. Bündeln Sie Gespräche und Gesprächsinhalte.
- Kommen Sie langatmigen Besuchern zuvor – besuchen Sie sie in deren Büro, als Gast ist es leichter, sich zu verabschieden.
- Nennen Sie zu Beginn des Gespräches schon den Endzeitpunkt (»Ich freue mich, dass wir heute eine Stunde Zeit haben, um …«). Begründen Sie konkret, warum Ihre Zeit begrenzt ist. Platzieren Sie Ihren Besucher so, dass Sie beide eine Uhr im Blickfeld haben. Erinnern Sie – vor allem im letzten Drittel des Gespräches – an den anvisierten Endzeitpunkt.
- Wenn Sie wissen, dass Sie einen »Langredner« vor sich haben, bieten Sie ihm keine Sitzgelegenheit an, sondern bleiben Sie stehen.
- Fassen Sie die sachlichen Gesprächsergebnisse zusammen (Ziele, Verantwortlichkeiten – »Wer erledigt was bis wann?«), um das Ende des Gespräches zu signalisieren.
- Sprechen Sie zum Gesprächsende in der Vergangenheitsform: »Das Gespräch war für mich sehr wertvoll, …«
- Schneiden Sie keine neuen Themen mehr an und gehen Sie auch nicht mehr auf neue Themen ein. Verweisen Sie Ihren Besucher gegebenenfalls auf den nächsten Gesprächstermin.
- Nonverbale Beendigungs-Signale: Unterlagen ordnen und einpacken, »Aufsteh-Haltung« bzw. Aufstehen, dezenter Blick auf die Uhr (nur im »Notfall« – wirkt schnell unhöflich)
- Drücken Sie deutlich Ihre (ernst gemeinte) Wertschätzung für den Besucher aus. Welche Eigenschaften schätzen Sie an ihm? Beschränken Sie sich dabei nicht nur auf den aktuellen Gesprächsanlass.

- Senden Sie Ich-Botschaften. Machen Sie deutlich, dass Sie den Besucher nicht aus persönlichen Gründen loswerden wollen, sondern weil Sie selbst keine Zeit haben.
- Ein Tipp, wenn Sie der Gast sind: Unterbrechen Sie den Gesprächsfluss, indem Sie nach der Toilette fragen oder darum bitten, ein dringendes Telefonat führen zu dürfen. Nach einer solchen Unterbrechung fällt es leichter, das Gespräch ganz zu beenden.

Das Telefon – Licht und Schatten ...

Effizient telefonieren

Das Telefon ist eine wundervolle Erfindung. Kaum ein anderes Werkzeug hat so dazu beigetragen, Zeit zu sparen, wie das Telefon. Dinge, die im Gespräch mit anderen geklärt werden müssen, erfordern dank des Telefons keine langen Wege zu persönlichen Treffen mehr – innerhalb weniger Minuten steht man in Kontakt miteinander und Gesprächsinhalte können schnell und effizient »unter vier Ohren« behandelt werden. Außerdem kommen die Möglichkeiten des Telefax und der elektronischen Kommunikation hinzu.

Vorbereitung ist 90 % des Erfolges

Vielen Menschen allerdings erscheint das Telefon eher als Zeiträuber. Man verliert Zeit, weil der Gesprächspartner vielleicht nicht erreichbar ist, mangelnde Vorbereitung von Telefonaten führt eher zu Stress als zu Erleichterung und meistens klingelt das Telefon auch gerade dann, wenn man eigentlich ungestört arbeiten wollte. Schließlich halten viele Menschen Telefonieren immer noch für unpersönlich – wir scheinen das sichtbare Gegenüber zu brauchen, um uns wirklich einen persönlichen Eindruck verschaffen zu können. Mit einigen einfachen Regeln lässt sich das Telefonieren deutlich effizienter gestalten. Bereiten Sie Telefonate immer vor, d.h. notieren Sie sich, welches Ziel das Gespräch hat und welche Fragen Sie am Telefon stellen wollen, um dieses Ziel zu erreichen.

CHECKLISTE: GESPRÄCHSVORBEREITUNG

- Welche Ziele verfolge ich mit meinem Anruf? Wie will ich mit meinem Gesprächspartner verbleiben?
- Wer ist der geeignete Ansprechpartner?
- Welche Unterlagen brauche ich für das Telefonat?
- Welche Fragen will ich stellen.
- Welche Argumente will ich anführen?
- Welchen Nutzen kann ich meinem Gesprächspartner anbieten?
- Wie will ich mit Einwänden meines Gesprächspartners umgehen?

Das wichtigste Werkzeug für die Annahme von Telefonaten ist ein Gesprächsnotiz-Bogen, mit dessen Hilfe die wichtigsten Informationen abgefragt werden. So verhindern Sie, dass Sie erst dann, wenn der Hörer schon wieder auf der Gabel liegt, merken, dass Sie z.B. die Rückrufnummer gar nicht notiert haben.

KOPIERVORLAGE: GESPRÄCHSNOTIZ

Für: angenommen von:	❑ telefonisch ❑ persönlich	
Gesprächspartner:		
Firma:		
Telefon geschäftlich:	Telefon privat:	
Datum:	Uhrzeit:	
Straße:	PLZ/Ort:	
• Rückruf erbeten • ruft erneut an • persönliches Treffen	Zeit: Zeit: Zeit:	Inhalt: Inhalt: Inhalt:
Gesprächsinhalt:		
To Do:	Termin:	

Das »unsichtbare« Gegenüber

Um mit dem Problem des »unsichtbaren Gesprächspartners« umzugehen, halten Sie sich immer vor Augen, dass am anderen Ende der Leitung ebenfalls ein Mensch aus Fleisch und Blut sitzt. Die wichtigste Regel: Lächeln Sie! Auch wenn Ihr Gesprächspartner Ihr Gesicht nicht sehen kann, nimmt er Ihren emotionalen Zustand wahr. Mit einem Lächeln auf den Lippen wirken Sie automatisch freundlicher und sympathischer. Also ab jetzt: Immer wenn Sie den Hörer in der Hand halten – lächeln!

Hören Sie aktiv zu, d.h. fassen Sie das, was Ihr Gesprächspartner sagt, mit eigenen Worten zusammen, »spiegeln« Sie seine Gefühle wider ... Im persönlichen Gespräch wird ein großer Teil Ihrer Reaktionen über das Auge vermittelt (Mimik, Gestik). Das Telefon – abgesehen von den noch wenig verbreiteten Bildtelefonen – kann nicht sehen, umso wichtiger ist es, verbal auf das Gesagte zu reagieren. Bringen Sie Ihre Wertschätzung für Ihren Gesprächspartner zum Ausdruck. Die Tools aus dem vorange-

RULES: EFFIZIENT TELEFONIEREN

- Das Telefon dient einer effizienteren Kommunikation – nutzen Sie es entsprechend.
- Konzentrieren Sie sich auf die sachlichen und zwischenmenschlichen Notwendigkeiten.

TOOLS FÜR DEN ANGERUFENEN

- Führen Sie Sperrzeiten ein, um in wichtigen Arbeitsphasen nicht ständig unterbrochen zu werden. Leiten Sie das Telefon auf den Anrufbeantworter oder auf Ihre Sekretärin um.
- Vereinbaren Sie öfter, dass Sie Ihren Gesprächspartner in Kürze zurückrufen. Sie können sich dann auf das Gespräch besser vorbereiten. Außerdem ist es für den Anrufenden leichter, die Führung zu übernehmen. Der unvorbereitete Angerufene bleibt meistens in der Rolle des »Re-Agierenden«.
- Notieren Sie sich in Ihrer Telefonkartei, wann ein Gesprächspartner gut zu erreichen ist bzw. wann Sie ihn beim letzten Mal erreicht haben. Nutzen Sie diese Informationen beim nächsten Mal, wenn Sie den Anruf in den Tagesablauf einplanen.
- Versuchen Sie, Kernzeiten für Anrufer zu entwickeln, z.B. durch eine Information auf Ihrem Briefbogen (»Sie erreichen uns täglich zwischen _____ Uhr.«).
- Lernen Sie die technischen Möglichkeiten Ihrer Telefonanlage kennen (Nummernspeicher, Wählautomatik ...) und nutzen Sie sie konsequent, um Ihre Telefon-Effizienz zu steigern.

- Benutzen Sie Gebührenzähler zur Kontrolle des Zeitaufwandes und zur Kostenkontrolle.
- Verwenden Sie vorstrukturierte Gesprächsnotizen (s. Kopiervorlage), um wirklich alle wichtigen Information zu erfassen.
- Leiten Sie Anrufer, obwohl sie den »Chef persönlich« sprechen wollen, gleich an den zuständigen Sachbearbeiter weiter. Das verkürzt den Informationsfluss und wirkt motivierend für den Verantwortlichen.

TOOLS FÜR DEN ANRUFER

- Wenn Sie Anrufe erledigen wollen, überlegen Sie zunächst, ob es nicht effizientere Kommunikationsmöglichkeiten gibt. Wenn es nur darum geht, Informationen präzise zu übermitteln, oder Sie Antworten auf Ihre Fragen nicht dringend benötigen, sind Telefax oder E-Mail – insbesondere bei Gesprächspartnern mit »langem Atem« – unter Umständen die schnellere Lösung. Briefe lassen sich schnell beantworten, wenn Sie die Rückantwort einfach auf dem erhaltenen Schreiben notieren und dieses per Fax oder eine Fotokopie als Brief zurücksenden. Vorsicht: Dieses Vorgehen kann Ihnen unter Umständen als mangelnde Wertschätzung ausgelegt werden.
- Bereiten Sie Ihre Telefonate immer vor. Notieren Sie sich Ihr Gesprächsziel, die Fragen, die Sie stellen wollen und legen Sie sich die nötigen Unterlagen zurecht (vgl. Checkliste Gesprächsvorbereitung)
- Rufen Sie in Randzeiten (z.B. 8.00–8.45 Uhr) an. In typischen Kernzeiten sind Ihre Gesprächspartner oft schwerer erreichbar.
- Bündeln Sie Ihre Anrufe. Gesprächspartner, die nicht erreichbar sind, setzen Sie für einen erneuten Anruf ans Ende Ihrer Liste.
- Vergessen Sie nicht die zwischenmenschliche Komponente: Seien Sie höflich, nennen Sie Ihre Gesprächspartner beim Namen, bringen Sie Ihre Wertschätzung deutlich zum Ausdruck und vor allem – lächeln Sie!

gangenen Kapitel über den Umgang mit Besuchern können Ihnen hier helfen. Weiterhin gelten natürlich die Regeln für den Umgang mit Besuchern auch für effizientes Telefonieren.
Sie haben nun in den letzten beiden Kapiteln wertvolle Möglichkeiten für eine effiziente Gesprächsführung kennen gelernt. Wie wollen Sie diese Hinweise anwenden? Bearbeiten Sie zur Optimierung sowohl Ihres persönlichen Gesprächsstiles als auch Ihres Telefonverhaltens die Jetzt-oder-nie-Frage und

notieren Sie sich Einfälle in Ihrem Ideen-Speicher.

JETZT ODER NIE?

Was werden Sie in den nächsten 48 Stunden konkret tun, um Ihr Gesprächsverhalten (persönlich und am Telefon) effizienter zu gestalten?

1. ....
2. ....
3. ....

Besprechungen und Meetings zielorientiert gestalten

Ein weiterer Zeitfresser sind Besprechungen und Meetings. Oft verlieren sich gute Gedanken hier in der Unstrukturiertheit des Gespräches, die Sitzungsteilnehmer sind alles andere als voll bei der Sache und man muss sich lange Monologe mit wenig Inhalt anhören, weil Teilnehmer die Sitzung eher als Selbstdarstellungsbühne denn als Arbeitstreffen nutzen.

Zielorientierung in Meetings

Ein einfacher »Trick« kann die Effizienz von Meetings deutlich erhöhen: die Konzentration auf Ziele. Arbeitsbesprechungen haben vor allem den Zweck, Prozesse zur Erreichung von Zielen in Gang zu setzen. Daraus folgt: Diese Ziele müssen allen Teilnehmern klar sein und es muss darauf fokussiert werden, wer wann was erledigt, um diese Ziele zu erreichen.

RULES & TOOLS: DAS EFFIZIENTE MEETING

Rules:

- Arbeitsbesprechungen dienen dazu, Prozesse zur Zielerreichung in Gang zu setzen.
- Legen Sie möglichst schnell die Besprechungsergebnisse in der Form »Wer macht was bis wann?« fest.

Tools:

- Auch bei Besprechungen sichert eine gründliche Vorbereitung bereits 90 % des Erfolges. Legen Sie eine übersichtliche Agenda so rechtzeitig fest, dass sich die Teilnehmer gründlich auf die Besprechung vorbereiten können.
- Sorgen Sie dafür, dass nur diejenigen an Besprechungen teilnehmen, die etwas zum Thema beitragen können. Besprechen Sie zunächst die Themen, für die ein größerer Teilnehmerkreis erforderlich ist. Bei den weiteren Themen brauchen die Personen, die nicht mehr zum Besprechungsergebnis beitragen können, auch nicht mehr anwesend zu sein. Faustregel: Möglichst kleiner, aber voll entscheidungsfähiger Teilnehmerkreis!
- Beginnen Sie die Sitzung mit einer Aufstellung der zu erreichenden Ziele. Legen Sie anhand der Prioritäten

dieser Ziele den Ablauf der Besprechung fest. Unterbinden Sie Gesprächsbeiträge, die nicht zur Erreichung der Ziele beitragen.
- Finden Sie mit den Teilnehmern für jedes Ziel Lösungsmöglichkeiten. Sichern Sie dann die Gesprächsergebnisse in der Form »Wer macht was bis wann?«.
- Diese Ergebnisse sind der Zweck von Besprechungen. Verzichten Sie auf schöne Protokolle, die nur zu Verzögerungen führen. Fassen Sie die »Wer macht was bis wann?«-Ergebnisse am Ende der Besprechung noch einmal für alle Teilnehmer zusammen. Fotokopieren Sie dann diese To-Do-Liste sowie gegebenenfalls noch Notizen zu kommunizierten Informationen und händigen Sie sie allen Teilnehmern aus. Positiver Nebeneffekt: In der nächsten Sitzung wird keine Zeit mehr mit der Genehmigung von Protokollen verschwendet.

Welche Vorschläge aus diesem Kapitel wollen Sie wann verwirklichen? Machen Sie sich Notizen in Ihrem Ideen-Speicher und beantworten Sie die Jetzt-oder-nie-Frage.

JETZT ODER NIE?

Wie werden Sie vor und in der nächsten Besprechung konkret vorgehen, um die Effizienz zu steigern?

1. ....
2. ....
3. ....

Der Umgang mit Störungen

Kennen Sie das: Sie sitzen in eine wichtige Aufgabe vertieft am PC. Da tapst ein Mitarbeiter durch die offene Tür herein: »Da sind noch einige Fragen zum Projekt xy.« Kaum haben Sie sich wieder in Ihre Aufgabe hineingedacht, klingelt das Telefon …

Störungen fressen Zeit. Jedes Mal, wenn Sie in Ihrer Arbeit unterbrochen werden, müssen Sie sich erneut hineindenken. Dabei wirkt außerdem jedes Mal noch das »Störungsthema« in Ihrem Arbeitsgedächtnis nach und belegt einen Teil Ihrer Denkkapazität. Für eine Aufgabe, die Sie ungestört vielleicht in drei Stunden erledigen könnten, brauchen Sie so vielleicht eine ganze Stunde länger (die reine Störungszeit nicht mitgerechnet). Nicht selten leidet zusätzlich die Qualität Ihrer Arbeitsergebnisse.

Sich abgrenzen

Schaffen Sie sich also störungsfreie Zeiträume. Die Notwendigkeit der »offenen Tür« ist eher ein Mythos denn eine Realität. Die stets geöffnete Tür verbessert nicht die Kommunikation, wenn Sie unvorbereitet auf die Störung reagieren müssen. Konzentrierte und vorbereitete Gespräche zu festgelegten Zeiten sind wesentlich wertvoller. Wichtig: Seien Sie in ausreichendem Umfang ansprechbar, finden Sie eine angemessene Balance zwischen Rückzug zu Ihrer Arbeit und Ansprechbarkeit für die Abstimmung mit anderen.

RULES & TOOLS: STÖRUNGEN MINIMIEREN

Rules:

- Störungen haben einen negativen Einfluss auf Arbeitsaufwand und Qualität.
- Finden Sie die richtige Balance zwischen Rückzug und Ansprechbarkeit.

Tools:

- Finden Sie die störungsarmen Zeiten in Ihrem Tagesablauf heraus (Hilfsmittel: Zeittagebuch!). Bauen Sie diese Zeiten zu »Sperrstunden« aus.
- Nutzen Sie solche störungsfreien Zeiten vor allem für die Erledigung Ihrer A- und B-Aufgaben (vgl. Eisenhower-Prinzip).
- Vereinbaren Sie Termine mit sich selbst. Wenn Sie einen Gesprächstermin haben, ist es in der Regel möglich, Störungen in dieser Zeit abzuwenden. »Verabreden« Sie sich mit Ihrer Aufgabe.
- Teilen Sie Ihren Mitarbeitern mit, in welcher Zeit Sie gerne ungestört arbeiten wollen.
- Legen Sie Telefonate auf die Sekretärin oder den Anrufbeantworter um, oder bitten Sie andere Kollegen, Anrufe und Besucher entgegenzunehmen.
- Vereinbaren Sie (regelmäßige) Termine für konzentrierte und vorbereitete Gespräche mit Ihren Mitarbeitern. Reduzieren Sie weitere Störungen auf »Notfälle«.

Was können Sie sofort tun, um die Häufigkeit von Störungen zu senken (Jetzt-oder-nie-Frage)? Welche Ideen tragen Sie in Ihren Ideen-Speicher zur langfristigen Verwirklichung ein?

JETZT ODER NIE?

Was werden Sie in de nächsten 48 Stunden konkret tun, um Störungen möglichst dauerhaft zu minimieren?

1. ....
2. ....
3. ....

Ihr Freund – das Diktiergerät

Benutzen Sie ein Diktiergerät? Nicht selten wird auch heute noch direkt an die

Sekretärin diktiert oder ihr werden handschriftliche Manuskripte zur Bearbeitung gegeben. Das Schreiben von Hand aber kostet Zeit, und unleserliche Vorlagen verzögern die Fertigstellung eines Schreibens nicht selten drastisch. Auch das direkte Diktat ist ein Zeitfresser. Die Effizienz der Sekretärin oder Schreibkraft wird behindert, bei Störungen muss sie unnötig warten, wertvolle Arbeitszeit wird sinnlos verschwendet und ihre Motivation wird negativ beeinflusst.

Technik nutzen

Nutzen Sie also ein Diktiergerät, um Zeitverluste zu verringern. Beschränken Sie sich nicht nur auf Briefe oder umfangreichere Texte, sondern sprechen Sie auch Ideen und Einfälle zur späteren Abschrift aufs Band.

RULES & TOOLS: EFFIZIENT DIKTIEREN

Rules:

- Nutzen Sie ein Diktiergerät.
- Diktieren Sie nicht nur Briefe und Texte, sondern auch Ideen, Anweisungen und Stichwörter.

Tools:

- Formulieren Sie nicht alle Texte vollständig aus, sondern diktieren Sie Stichwörter, die Ihre Schreibkraft dann selbst zu einem Text formuliert. Achten Sie dabei allerdings darauf, dass Ihre Aufzeichnungen gut nachvollziehbar sind. Die Zeit, die dafür aufgewendet wird, Ihre Aufzeichnungen zu verstehen, geht für die Bearbeitung anderer wichtiger Aufgaben verloren. Auch wenn Sie diesen Zeitverlust nicht direkt zu spüren bekommen, kann er nicht in Ihrem Sinne sein.
- Diktieren Sie zeitversetzt, z.B. abends in Ihrer störungsfreien Zeit. Ihre Schreibkraft kann dann am nächsten Tag den entsprechenden Text verfassen.
- Gestalten Sie Ihre Aufzeichnungen so, dass der endgültige Text schnell formuliert werden kann. Hierzu bietet es sich an, einen Diktierkurs zu besuchen.

Mit welchen Schritten wollen Sie Ihr Diktierverhalten optimieren? Machen Sie entsprechende Notizen zur Jetzt-oder-nie-Frage und im Ideen-Speicher.

JETZT ODER NIE?

Wie wollen Sie die Informationen zum effizienten Diktieren in den nächsten 48 Stunden konkret umsetzen?

1. ....
2. ....
3. ....

Im Auf und Ab des Tageslaufs – Ihre Leistungskurve

Mal geht die Arbeit ganz leicht von der Hand, mal fühlt man sich, als müsse man sich zu jeder Tätigkeit mühevoll aufraffen. Haben Sie dabei auch schon bemerkt, dass Ihre Leistungsfähigkeit im Tagesablauf ganz bestimmten Schwankungen unterliegt? Manche Menschen sind überzeugt: »Morgenstund hat Gold im Mund.« Andere hingegen sind typische »Nachtmenschen«, erst am Abend glauben sie, ihr volles Potential zu entfalten.

Generell ist es so, dass im Durchschnitt die höchste Leistungsfähigkeit am Vormittag erreicht wird. Am Nachmittag schließt sich dann in der Regel ein Leistungstief an, das bis zu einem zweiten (geringeren) Leistungshoch am Abend andauert. Danach fällt die Leistungsbereitschaft in der Regel wieder ab und erreicht dann einige Stunden nach Mitternacht den absoluten Tiefpunkt.

Diese »Normkurve« allerdings ist nur ein Durchschnittswert. Kennen Sie Ihre Leistungshochs und -tiefs? Um effizient zu arbeiten, ist es wichtig, die Reihenfolge der zu erledigenden Aufgaben möglichst optimal an die individuellen Gegebenheiten anzupassen.

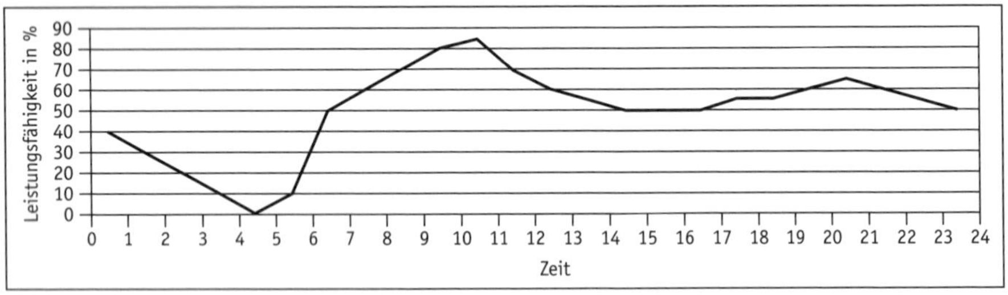

Abbildung 4: Schwankungen in der Leistungsfähigkeit – »Normkurve«

ÜBUNG: ERMITTELN SIE IHRE PERSÖNLICHE LEISTUNGSKURVE

Markieren Sie für eine Woche an jedem Tag, wie Sie Ihre eigene Leistungsfähigkeit einschätzen, indem Sie stündlich ein Kreuz an der entsprechenden Stelle in dem folgenden Raster machen. Ermitteln Sie nach sieben Tagen die Durchschnittswerte für jede Stunde und zeichnen Sie anhand der ermittelten Werte Ihre persönliche Leistungskurve.

+2																								
+1																								
±0																								
–1																								
–2																								
Leistungsfähigkeit																								

Tageszeit 0 1 2 3 3 4 5 6 7 8 9 10 11 12 13 14 15 16 17 18 19 20 21 22 23 24

Hören Sie auf Ihren Körper

Wie können Sie diese Erkenntnisse nutzen? Arbeiten Sie nicht mehr gegen Ihre physiologischen Bedürfnisse, sondern mit ihnen. Die wichtigen A- und B-Aufgaben sollten Sie in Ihren Hochleistungs-Stunden erledigen. Weniger wichtige Tätigkeiten und Routineaufgaben planen Sie für die eher schwachen Phasen ein.

JETZT ODER NIE?

Welche konkreten Aufgaben werden Sie in den nächsten drei Tagen (und darüber hinaus) zu welchen Zeitpunkten erledigen?

1. ....
2. ....
3. ....

Warum ich? – Zeitgewinn durch Delegieren

Sich auf die wichtigen Aufgaben konzentrieren. Das Wichtige kommt vor dem Dringenden. Unwichtiges eliminieren ... Schön und gut, aber sind da nicht immer noch Sachen, die nicht die großen Erfolgsträger sind und dennoch erledigt werden müssen? »Eigentlich müssten einmal die Kundendateien aktualisiert werden, ...«.

Zeitgewinn durch Delegation

Schaffen Sie sich Zeit für die zielführenden Aufgaben, indem Sie sich von möglichst vielen weniger wichtigen Arbeiten trennen. Fragen Sie sich: »Muss **ich** das tun?« Wer kann Ihnen welche Aufgaben abnehmen? Beschränken Sie sich dabei nicht nur auf das Berufsleben. Wie viel wäre Ihnen z.B. wöchentlich eine zusätzliche Stunde mit Ihren Kindern wert? Ist da das Honorar für eine Reinigungskraft nicht gut investiert?

Richtig delegieren

Richtig delegieren: Aufgabe – Ressourcen – Verantwortung

Um erfolgreich zu delegieren, ist es allerdings wichtig, einige grundlegende Dinge zu beachten. Wer nämlich »ungeschickt« delegiert, muss sich nicht wundern, wenn er letztlich die Zeit, die er für die Erledigung der Aufgaben gespart hat, für Kontrollen und Nachbesserungen investieren muss. Erfolgreiches Delegieren umfasst drei Aspekte: Aufgabe, Ressourcen und Verantwortung.

RICHTIG DELEGIEREN

- Aufgabe: Welches Ziel soll erreicht werden?
- Ressourcen: Welche Informationen, welches Können und welche (materielle und immaterielle) Unterstützung sind erforderlich?
- Verantwortung: Wer trägt die Verantwortung für das Erreichen des delegierten Zieles?

Zielorientierte Kommunikation ist das Fundament wirksamer Delegation. Machen Sie deutlich, welcher »Endzustand« bei einer Aufgabe erreicht werden soll. Definieren Sie das Ziel präzise anhand der B-SMART-Kriterien aus Kapitel 3. Klären Sie genau, welche Ressourcen zur Erfüllung der delegierten Aufgabe benötigt werden, und sorgen Sie von vornherein dafür, dass diese zugänglich sind. Nur wenn Sie bereits im Delegationsgespräch diesen Punkt hinreichend klären, werden Sie langfristig entlastet. Halbherzig Delegiertes landet sehr schnell wieder auf Ihrem Schreibtisch. Machen Sie deutlich, dass der Mitarbeiter die Verantwortung für die Erreichung des Zieles trägt. Bleiben Sie ansprechbar, aber lösen Sie nicht die Probleme des Mitarbeiters, sondern helfen Sie ihm, selbst Lösungen zu finden.

RULES & TOOLS: ERFOLGREICH DELEGIEREN

Rules:

- Delegieren Sie möglichst viele Aufgaben, die für Sie nicht höchste Priorität haben.
- Klären Sie immer Ziele, Ressourcen und Verantwortlichkeit.

Tools:

- Formulieren Sie B-SMART-Ziele.
- Schaffen Sie – insbesondere für langfristiges Delegieren – ein positives, entspanntes und konstruktives Gesprächsklima: ruhiger Gesprächsort, Anerkennung und Wertschätzung für die andere Person deutlich zum Ausdruck bringen.
- Motivieren Sie: Machen Sie dem Mitarbeiter deutlich, wie er von der delegierten Aufgabe profitiert. Stellen Sie den Wert neuer Aufgaben für die persönliche Weiterentwicklung deutlich heraus.
- Erarbeiten Sie bei komplexeren Problemen gemeinsam mit dem Mitarbeiter das Vorgehen. Spielen Sie dabei eher die Rolle eines Coaches – lösen Sie nicht seine Probleme, sondern helfen Sie ihm, selbst Lösungen zu entwickeln. Führen Sie durch Fragen: »Wie wollen Sie vorgehen, um das Ziel zu erreichen?«
- Klären Sie, welche Ressourcen benötigt werden und stellen Sie diese bereit. Erfüllen Sie berechtigte Bedingungen, die Ihr Mitarbeiter für die Übernahme einer delegierten Aufgabe stellt.
- Überprüfen Sie, ob der Mitarbeiter die Aufgabe akzeptiert bzw. unter welchen Umständen er zur Akzeptanz bereit ist.
- Machen Sie deutlich, dass der Mitarbeiter die Verantwortung für die Zielerreichung trägt.
- Vereinbaren Sie Teilziele und Kontrolltermine. Überprüfen Sie zielorientiert und kontrollieren Sie nicht lediglich Arbeitsabläufe. Das spart Ihre Zeit und fördert die Motivation des Mitarbeiters.
- Halten Sie »Delegationsvereinbarungen« zumindest in knapper Form schriftlich fest (Ziele/Teilziele/Vorgehen, Ressourcen und Verantwortlichkeit).
- Vermeiden Sie Rückdelegation. Machen Sie für die Zielerreichung deutlich, wer die Verantwortung trägt. Stehen Sie als Coach bereit, nicht jedoch als Arbeitskraft.
- Loben Sie den Mitarbeiter beim Erreichen von (Teil-)Zielen!

Richtiges Delegieren ist eine der wirkungsvollsten Möglichkeiten, um Zeit zu gewinnen. Welche Aufgaben können Sie delegieren? Bearbeiten Sie auch hierzu die Jetzt-oder-nie-Frage und machen Sie Notizen in Ihrem Ideen-Speicher.

JETZT ODER NIE?

Welche Aufgaben wollen Sie in den nächsten drei Tagen an wen delegieren?

1. ....
2. ....
3. ....

Delegieren – die Kehrseite der Medallie

Delegieren spart Zeit – aber nur dann, wenn man selbst delegiert. Mitunter aber ist man in der Rolle desjenigen, der eine Aufgabe »aufs Auge gedrückt« bekommen soll. Machen Sie sich klar, dass jede Aufgabe eine Mehrbelastung mit sich bringt. Akzeptieren Sie nur zusätzliche Aufträge, wenn Sie sicher sind, sie gut und termingerecht erledigen zu können. Machen Sie gegebenenfalls deutlich, dass Sie andere, wichtigere Dinge zu erledigen haben: Nein sagen heißt ja sagen zu anderen Dingen!

Nein sagen heißt ja sagen zu anderen Dingen

RULES & TOOLS: NEIN SAGEN

Rules:

- Aufgaben nur annehmen, wenn Sie in der Lage sind, sie zu erledigen.
- Nein sagen heißt ja sagen zu anderen Dingen.

Tools:

- Seien Sie sich darüber im Klaren, dass ein Annehmen von Aufgaben zwar gefällig wirkt, dass Ihre Einsatzbereitschaft aber eher negative Konsequenzen hat, sobald Sie übernommene Aufgaben nur halbherzig oder verspätet ausführen können.
- Fragen Sie Ihren Vorgesetzten bzw. Kollegen, welche anderen Aufgaben zugunsten der neuen zurückgestellt werden sollen. Verdeutlichen Sie anhand von Terminplaner und To-Do-Liste, welche anderen Aufgaben anstehen.
- Zeigen Sie Interesse, wenn jemand neue Aufgaben an Sie heranträgt. Klären Sie erst die genaue Situation, bevor Sie über Annahme oder Ablehnung entscheiden.
- Senden Sie konkrete Ich-Botschaften, um Ihre Situation zu verdeutlichen. Akzeptieren Sie dabei das an Sie herangetragene Problem: »Ich sehe ein, wie wichtig die Erledigung dieser Aufgabe ist. Bis zum

Ende der Woche muss ich allerdings noch …«

- Suchen Sie nach alternativen Lösungsmöglichkeiten: »Was können wir sonst tun, um dieses Problem zu lösen …?« So verlagern Sie die Lösung des Problems bzw. die Bearbeitung der Aufgabe von Ihrer Person weg.
- Stellen Sie den Nutzen von anderen Lösungsmöglichkeiten für Ihren Gesprächspartner deutlich heraus.
- Geben Sie Ihrem Gesprächspartner die Sicherheit, dass sich eine andere Lösung für sein Problem finden wird.
- Wenn Sie eine Aufgabe abwenden konnten, danken Sie für das Verständnis Ihres Gesprächspartners und signalisieren Sie (ernst gemeinte) Kooperationsbereitschaft für die Zukunft.

Machen Sie den Merksatz »Nein sagen heißt ja sagen zu anderen Dingen!« zu Ihrem mentalen »Alarmsignal«, wenn zukünftig Aufgaben an Sie herangetragen werden.

Wie plane ich meine Zeit?

Welche Hilfsmittel stehen mir zur Verfü

Wie behalte ich den Überblick?

5

Wochenplanung
Tagesplanung
PLUS-Regel

ng?

Zeit schriftlich planen

Sie haben in den vorangegangenen Kapiteln nun zahlreiche Möglichkeiten kennen gelernt, wie Sie Prioritäten setzen und diese effizient bearbeiten können. Um allerdings wirklich möglichst viele Aufgaben mit hoher Priorität zu erledigen, ist es von großer Wichtigkeit, den Überblick über alles Anstehende zu behalten und sich für alle notwendigen Arbeitsschritte Zeit zu verschaffen. Dies ist nur mit einer gründlichen Zeitplanung möglich. Wir betrachten also in diesem Kapitel die Frage »Muss ich das jetzt tun?« oder anders formuliert: »Wann ist der günstigste Zeitpunkt für die jeweilige Tätigkeit?«

Schriftlich planen!

Beinahe jeder Mensch, der eine Vielzahl von Aufgaben zu bewältigen hat, arbeitet mit irgendeiner Form der schriftlichen Planung, sei es eine einfache To-Do-Liste oder ein Terminkalender. Nicht immer allerdings ist diese Planung wirklich effektiv. Bei langen Listen erscheint es schwierig, klare Prioritäten zu setzen und gerade bei Menschen, denen das Berufsleben viel abverlangt, führt eine unübersichtliche Planung schnell zu Stress. In vielen Fällen wird das Privatleben hinter den beruflichen Anforderungen zurückgestellt.

Ein sinnvolles Planungssystem bzw. Zeitplanbuch muss also vor allem folgende Funktionen erfüllen:

- Es muss helfen, den Überblick über anstehende Aufgaben und Prioritäten zu behalten.
- Es muss Sie unterstützen zielorientiert vorzugehen.
- Es muss Ihnen helfen, die vorhandene Zeit so zu planen und zu organisieren, dass Sie genügend Zeit für alle Lebensbereiche zur Verfügung haben.
- Insbesondere, wenn Sie Aufgaben an andere delegieren, muss es Ihnen die Möglichkeit bieten, das Erreichen delegierter Ziele zu kontrollieren und zu unterstützen.
- Schließlich kann ein gutes Zeitplanbuch nebenbei die Funktion des Informations-Speichers erfüllen: für Adressen, Telefonnummern ... gibt es in den meisten Planungssystemen vorgefertigte Seiten.

Planungssystem – was brauche ich?

Sofern Sie noch keinen funktionalen Terminkalender benutzen, sollte Ihr nächster Schritt sein, sich ein entsprechenden Zeitplanbuch anzuschaffen. Es existiert ein beinahe unüberschaubarer Markt an Zeitplansystemen – vom kleinen Taschenkalender bis hin zum umfangreichen Chef-Timer mit vielfältigen Funktionsblättern. Welche Anforderungen müssen Sie an ein sinnvolles Zeitplansystem stellen? Drei Dinge sind das

absolute Minimum: eine To-Do-Liste, ein Wochenplan und eine Möglichkeit zur Tagesplanung. Wie diese Werkzeuge aufgebaut sein müssen, wird sich auf den folgenden Seiten klären, wenn wir behandeln, wie eine zielorientierte und ganzheitliche Zeitplanung realisiert werden kann.
Welche Funktionen muss Ihr persönliches Zeitplanbuch noch umfassen? Die folgende Tabelle kann Ihnen helfen, eine systematische Entscheidung zu fällen. Wichtig: Wenn Sie Informationen in Ihrem Zeitplaner aufbewahren wollen, die Sie auch nach Ablauf des aktuellen Jahres noch benötigen (z.B. Adressen, langfristige Planungen ...), sollten Sie eine Ringbuchheftung vorziehen, bei der Sie jeweils nur einzelne Seiten (das jeweilige Kalendarium) auswechseln müssen.

FUNKTIONEN FÜR MEIN PERSÖNLICHES ZEITPLANSYSTEM

Funktion	unwichtig	grundsätzlich sinnvoll	sehr wichtig
Wochenplaner			X
Tagesplaner			X
To-Do-Liste			X
Jahresübersicht			
Monatsübersicht			
Raum für Notizen			
Adressen-/ Telefonregister			
Planungsformulare zur Kontrolle delegierter Aufgaben			
spezielle Planungsformulare			

Spezialformulare für Statistiken			
Projektübersichten			
Postgebühren			
Distanztabellen			
Flüge/Zugfahrten			
Messetermine			
Ideen-Speicher			
Formulare zur Kontoführung			
Spesenformulare			
Mini-Taschenrechner			
Fächer für Ausweise, Kreditkarten ...			

Eine zusätzliche Möglichkeit zum Umgang mit Terminen soll ebenfalls kurz angesprochen werden: die Wiedervorlage-Mappe. Diese Mappen haben am Rand eine Registereinteilung für Termine. Für jeden Tag können Sie darin Unterlagen unterbringen und sich so bestimmte Vorgänge »auf Termin legen«. Am entsprechenden Tag haben Sie so den Vorgang präsent. Allerdings sollten Sie trotzdem zusätzlich einen Eintrag in Ihrem Zeitplanbuch vornehmen, um den Überblick über die abgelegten Vorgänge (»Aus den Augen aus dem Sinn«) zu behalten.

Rechtzeitig arbeiten

Aufgaben rechtzeitig zu erledigen, ist einer der Grundpfeiler einer effektiven und effizienten Selbstorganisation. Sicherlich kennen auch Sie Personen (vielleicht gar Sie selbst?), die an »Aufschieberitis« leiden. Ein Beispiel dazu: Stefan Stetig steht vor einer Aufgabe, für deren Erledigung ihm zwölf Wochen Zeit zur Verfügung stehen. Er beginnt gleich, die Aufgabe zu planen, sammelt fehlende Informationen und delegiert Teilaufgaben. Von der vierten bis zur elften Woche löst er die Aufgabe. Insgesamt muss er fünfeinhalb Tage seiner Arbeitszeit investieren. Rechtzeitig vor dem Termin liefert er ein anspruchsvolles Arbeitsergebnis ab. Willi Warter soll die gleiche Aufgabe erledigen. Er denkt »Dass schaffe ich schon noch.« und beginnt erst in der achten Woche, als er »genügend Druck« spürt. Er muss nun unter hohem Zeitdruck arbeiten, ein Delegieren von Aufgabenteilen ist nicht mehr möglich. Die Arbeitsergebnisse kann er erst mit einer Woche Verspätung abliefern. Da er alles allein machen musste, benötigte er insgesamt sieben stressige Arbeitstage, um ein lediglich mittelmäßiges Ergebnis zu erreichen. Torsten Trödel beginnt ebenfalls erst in der achten Woche. Er kann allerdings nur fünf stressige Tage investieren, da noch andere Aufgaben anstehen. Er erreicht das Arbeitsziel also auch mit einwöchiger Verspätung nicht und damit zu spät – die fünf Arbeitstage sind verschwendet.

»Aufschieberitis« und die Folgen ...

Rechtzeitigkeit ist also sehr wichtig. Planen Sie Ihr Vorgehen genau vorher und halten Sie sich an Ihren Plan. Wer aufschiebt, muss letztlich nur noch mehr investieren und erreicht in der Regel schlechtere Ergebnisse – ganz zu schweigen vom Stress, der mit der Arbeit unter hohem Zeitdruck einhergeht.

Planungseinheit Woche

Ganzheitliche Zeitplanung

Wie kann man denn nun so planen, dass man alles rechtzeitig erledigt, ohne ein Lebensfeld zugunsten des anderen zu vernachlässigen (»In meinem Büro liegt eine ellenlange Aufgabenliste, wenn ich das alles rechtzeitig erledigen will, sehe ich meine Familie überhaupt nicht mehr…«): Das Lösungsprinzip haben wir schon behandelt: Entscheiden Sie sich für die zum Ziel führenden A- und B-Aufgaben. Setzen Sie Prioritäten aber nicht nur für den beruflichen Alltag, sondern auch für die anderen Lebensfelder. Planen Sie dabei nicht auf Tagesebene, denn hier wird immer ein Bereich zu kurz kommen, sondern erweitern Sie den Zeitrahmen. Der ideale Zeitraum für eine ganzheitliche, alle Bereiche umfassende Planung ist die Woche. Auch wenn nach einem langen Arbeitstag keine Zeit mehr für Familie, Gesundheit, Freunde … ist, so sollten sich in einer ganzen Woche sowohl Phasen der An- als auch der Entspannung unterbringen lassen.

»Termine mit sich selbst«

Setzen Sie sich also Wochenziele für alle Felder und machen Sie an konkreten Tage »Termine mit sich selbst«, um an diesen Zielen zu arbeiten.

ÜBUNG: WOCHENPLAN

- Setzen Sie sich Wochenziele für alle Bereiche. Geben Sie jedem Bereich das Gewicht, das ihm idealerweise zustehen sollte. Die meisten der gesetzten Ziele sollten sich dabei aus den entsprechenden langfristigen Zielen (vgl. Kapitel 3) ableiten.
- Setzen Sie so viele Ziele, wie Sie in einer Woche erreichen können. Verplanen Sie nicht die ganze Zeit – es geschieht immer Unvorhergesehenes, das Raum für flexible Reaktionen erfordert. Verplanen Sie nicht mehr als 60 % Ihrer Arbeitszeit bzw. Freizeit.
- Legen Sie fest, welche Aufgaben Sie an welchem Tag bearbeiten wollen. Blockieren Sie in Ihrem Wochenplan an den jeweiligen Tagen Termine für diese Aufgaben.

Woche von bis

Wochenziele				
Berufliche Ziele – Stellenziele	Berufliche Ziele – Karriereziele	Soziale Beziehungen	Private Zeit	Körperliche Gesundheit

Wochenplan

Montag	Dienstag	Mittwoch	Donnerstag	Freitag	Samstag	Sonntag
5.00	5.00	5.00	5.00	5.00	5.00	5.00
6.00	6.00	6.00	6.00	6.00	6.00	6.00
7.00	7.00	7.00	7.00	7.00	7.00	7.00
8.00	8.00	8.00	8.00	8.00	8.00	8.00
9.00	9.00	9.00	9.00	9.00	9.00	9.00
10.00	10.00	10.00	10.00	10.00	10.00	10.00
11.00	11.00	11.00	11.00	11.00	11.00	11.00
12.00	12.00	12.00	12.00	12.00	12.00	12.00
13.00	13.00	13.00	13.00	13.00	13.00	13.00
14.00	14.00	14.00	14.00	14.00	14.00	14.00
15.00	15.00	15.00	15.00	15.00	15.00	15.00
16.00	16.00	16.00	16.00	16.00	16.00	16.00
17.00	17.00	17.00	17.00	17.00	17.00	17.00
18.00	18.00	18.00	18.00	18.00	18.00	18.00
19.00 20.00	19.00 20.00	19.00 20.00	19.00 20.00	19.00 20.00	19.00 20.00	19.00 20.00
21.00	21.00	21.00	21.00	21.00	21.00	21.00
22.00	22.00	22.00	22.00	22.00	22.00	22.00
23.00	23.00	23.00	23.00	23.00	23.00	23.00

Sie haben nun für Ihre Wochenziele Bearbeitungstermine festgelegt. Diese »Termine mit sich selbst« sollten für Sie den gleichen, unumstößlichen Stellenwert haben wie wichtige Gesprächstermine. Dies ist der konsequenteste und effektivste Weg, selbstbestimmt an den eigenen Zielen zu arbeiten.

JETZT ODER NIE?

Werden Sie noch heute die aktuelle Woche bzw. die kommende Woche auf die angegebene Art planen? Werden Sie diese Art der Planung in Zukunft fortführen?

Tagesplanung mit der PLUS-Regel

Die Wochenplanung ergab feste Termine für die Arbeit an Ihren Zielen. Nun werden täglich noch weitere Dinge hinzukommen, die nicht unbedingt zu den festgelegten Wochenzielen beitragen, aber dennoch erledigt werden müssen. Planen Sie Ihre Tagesaktivitäten also, indem Sie jeweils am Ende Ihres Arbeitstages bzw. abends einen Zeitplan für den kommenden Tag erstellen. Hier notieren Sie zunächst die fixen Termine aus dem Wochenplan. Listen Sie dann alle aktuell zu erledigenden Aufgaben auf (To-Do-Liste) und setzen Sie Prioritäten nach Wichtigkeit. Schätzen Sie den Zeitbedarf für die Erledigung der Aufgaben. Bleiben Sie dabei unbedingt realistisch und veranschlagen Sie lieber zu viel als zu wenig Zeit. Eine unrealistisch gedrängte Tagesplanung hat keinen Sinn – nach den ersten Aufgaben sind Sie bereits so sehr vom Zeitplan abgewichen, dass er Ihnen keine Orientierung mehr bieten kann. Im letzten Schritt weisen Sie den Aufgaben konkrete Zeiträume im Tageslauf zu, wobei Sie unbedingt Ihre individuellen Leistungsschwankungen (Kapitel 4) berücksichtigen sollten. Verplanen Sie dabei nur 60 % der Zeit, die Ihnen zur Verfügung steht, sonst sind Sie nicht mehr in der Lage spontan und flexibel zu reagieren. Eine wirksame Hilfe für eine effektive Tagesplanung bietet die PLUS-Regel:

TAGESPLANUNG MIT DER PLUS-REGEL

P – Pufferzeiten einplanen: Verplanen Sie jeweils nur 60 % der Zeit, die Ihnen zur Verfügung steht.

L – Liste erstellen: Listen Sie alle aktuell zu erledigen Aufgaben auf und geben Sie den Aufgaben eine Reihenfolge nach deren Wichtigkeit.

U – Umfang einschätzen: Schätzen Sie den Zeitbedarf für jede Aufgabe realistisch ein.

S – Schwankungen berücksichtigen: Wenn Sie nun einen Zeitplan für die Erledigung Ihrer Aufgaben erstellen, berücksichtigen Sie Ihre individuellen Leistungsschwankungen. Legen Sie A- und B-Aufgaben in Ihre Hochleistungs-Phasen. Routineaufgaben erledigen Sie eher in Ihren Leistungstiefs.

PLUS-Planung: Pufferzeiten – Liste – Umfang – Schwankungen

»Kleinkram« sofort erledigen

Zeit zur Erledigung von »Kleinkram« (auch wenn er nicht unbedingt von hoher Priorität ist) sollten Sie dabei allerdings nicht einplanen, sondern diesen lieber direkt erledigen. Faustregel: Jeder Vorgang, der sich in fünf Minuten abschließen lässt, wird direkt erledigt.

»Was weg ist, ist weg ...«

JETZT ODER NIE?

Werden Sie noch heute Abend und dann an allen folgenden Tagen anhand der PLUS-Regel einen Plan für den nächsten Tag erstellen?

Wie sieht das alles in der Praxis aus?

Wie setze ich meine Selbstorganisations-Ideen um?

Selbstorganisation als Projekt

6 Sicherung des Gelernten
Flexibilität
Checkliste

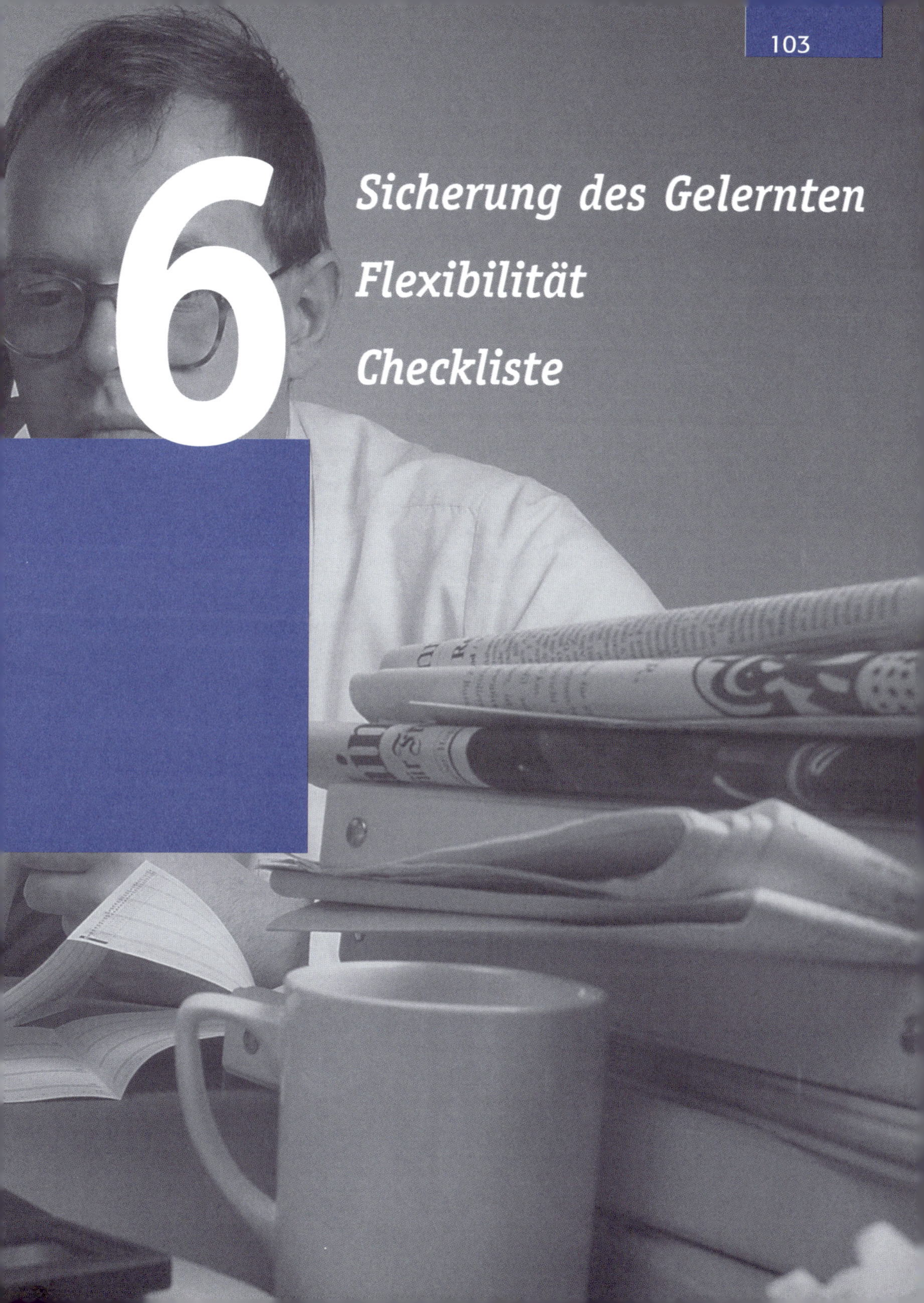

Vom Wissen zum Handeln

Entwickeln Sie Ihre Selbstorganisation weiter

Sie haben nun eine Menge Wissen erworben, wie Sie sich wirkungsvoll selbst organisieren können. Mit den Jetzt-oder-nie-Fragen haben Sie vielleicht schon eine Menge neuer Möglichkeiten ausprobiert und Sie sind hoffentlich auf dem Wege, aus diesen neuen Verhaltensweisen Gewohnheiten werden zu lassen.

Ihr Ideen-Speicher

Ein Instrument, mit dem Sie langfristige Erfolge für Ihre Selbstorganisation erreichen können, ist der Ideen-Speicher. Sie sollten sich nun Zeit nehmen und Ihre Ideen gründlich auswerten.

Wenn alle am gleichen Strang ziehen ...

AUSWERTUNG DES IDEEN-SPEICHERS

1. Formulieren Sie jede Idee in ein konkretes Ziel um. Nutzen Sie dabei die B-SMART-Kriterien (Kapitel 3).
2. Prioritäten: Ordnen Sie die Ziele in der Reihenfolge ihrer Wichtigkeit, d.h. fragen Sie, welche Ziele am meisten zu einer effektiveren und effizienteren Selbstorganisation beitragen.
3. Planen Sie das Erreichen der Ziele – bei komplexeren Problemstellungen kann Ihnen der Projektplanungs-Bogen aus Kapitel 3 dabei eine große Hilfe sein.
4. Werden Sie aktiv! – »Es gibt nichts Gutes, außer man tut es!«

Selbstorganisation als Teamprojekt

Selbstorganisation ist erfahrungsgemäß dann am erfolgreichsten, wenn man mit seinen neuen Fertigkeiten nicht »allein auf weiter Flur« steht. Arbeit bedeutet heute immer auch Zusammenarbeit, und wenn Sie an Ihrem Arbeitsplatz neue Techniken einführen, gibt es an den Schnittstellen zu den Personen, mit denen Sie zusammenarbeiten, häufig »Reibungsverluste«. Sehen Sie diese Probleme als Chance und rufen Sie ein Projekt »Bessere Selbstorganisation« ins Leben. Sie könnten z.B. in einem ersten Stadium gemeinsam mit Ihrem Vorgesetzten und Ihren Kollegen die Effektivität und Effizienz Ihrer Arbeit weiterentwickeln und das Projekt im zweiten Stadium auf die Ihnen unterstellten Mitarbeiter ausdehnen. Bedenken Sie auch: Ein externer Berater könnte die positive Wirkung eines solchen Projektes gewaltig verstärken.
Der **Nutzen** eines solchen Projektes:

- Steigerung der Leistung um 5–15 % (mehr Leistung bei gleichem Zeiteinsatz bzw. Aufwand; Zeitersparnis)
- Steigerung von Arbeitsmotivation und -zufriedenheit
- Reduktion von Fehlern

PROJEKT »EFFEKTIVITÄT UND EFFIZIENZ DURCH SELBSTORGANISATION«

1. Information und Motivation der Zielgruppe, Entscheidung über das Projekt, Zeitrahmen abstecken (ca. 3–5 halbe Tage), Termine vereinbaren
2. Standortbestimmung mit den Instrumenten aus Kapitel 2, sehr sinnvoll: jeweils Selbstbild und Fremdbild vergleichen, dabei nicht Schuldige suchen, sondern Probleme analysieren!
3. Zielfindung: zum einen Projektziele definieren, zum anderen berufliche Ziele für die beteiligten Personen klären (evtl. auch Führen durch Zielvereinbarungsgespräche etablieren)
4. Lösungsmöglichkeiten entwickeln – Brainstorming
5. Entscheidung über die durchzuführenden Maßnahmen
6. Realisierung und Erfolgskontrolle
7. Einführung eines jährlichen Selbstorganisations-Meetings zur Erarbeitung weiterer Verbesserungen

»Total verplant« – Ein Wort zum Schluss ...

Planen – aber nicht »verplanen«!

Als verplant bezeichnet man umgangssprachlich gerne Menschen, die sich selbst nur schlecht organisieren können. Auch das andere Extrem ist allerdings wenig wünschenswert: Wer sein Leben vollständig verplant, ist nur wenig flexibel und nicht in der Lage, auf Chancen zu reagieren. Ersticken Sie nicht Ihre **Spontaneität** unter zu rigider Planung! Von John Lennon stammen die Worte: »Leben ist, was dir passiert, wenn du andere Pläne machst«. Bewahren Sie sich einen Raum für Flexibilität und spontanes Handeln. Selbstorganisation soll Ihnen helfen, mehr Zeit für Erfolge und Lebensfreude zu gewinnen. Wer seine Selbstorganisation zu einem »Gefängnis« ausbaut, hat das Ziel der hier vorgestellten Techniken nicht begriffen. Denken Sie an die PLUS-Regel: Pufferzeiten einplanen. »Verplanen« Sie nur 60 % der zur Verfügung stehenden Zeit. Dies gilt für das Berufsleben und auch für die Freizeit. Schaffen und bewahren Sie sich Freiräume mit richtig genutzter Selbstorganisation ...

TOTAL VERPLANT?!

- Nutzen Sie Selbstorganisation, um Freiräume zu schaffen!
- »Verplanen« Sie nicht mehr als 60 % der zur Verfügung stehenden Zeit!

Checkliste: Selbstorganisation

Zum Kopieren, Aufhängen, Weiterverteilen und ...

CHECKLISTE: SELBSTORGANISATION

- Regel Nummer 1: Frage Dich vor allen Dingen, die Du tust: »**Muss ich** das **jetzt so** tun?«
- **Muss:** Entscheidung über Priorität/**Zielsetzung**
- **Ich: Delegieren**
- **Jetzt:** Wann? – **Zeitplanung**
- **So: Effizientes Arbeiten**/Rationalisieren
- **Initiative-Prinzip:** Bestimmen Sie, wo Sie hin wollen und gestalten Sie Ihren Umgang mit der Zeit entsprechend selbstbestimmt.
- **Pareto-/Eisenhower-Prinzip:** Mit 20 % Aufwand können Sie 80 % des Erfolges erzielen – setzen Sie **Prioritäten nach Wichtigkeit** (Beitrag zur Zielerreichung) und erledigen Sie immer das Wichtige zuerst.
- Definieren Sie Ihre **Ziele** für alle Lebensbereiche **(B-SMART!)**.
- Minimieren Sie den Aufwand für (Routine-)Arbeiten – Arbeiten Sie **effizient**!
- **Delegieren** Sie so viel wie möglich **(Ziele/Ressourcen/Verantwortlichkeit)**
- Planen Sie ganzheitlich mit **Wochenplänen**.
- Planen Sie Ihre Tage nach der **PLUS-Regel** (**Pufferzeit**, max. 60 % der Zeit verplanen – **Liste** der Aufgaben – **Umfang** realistisch einschätzen – **Schwankungen** der Leistungsfähigkeit berücksichtigen!).
- Erhalten Sie sich Freiräume für **Spontaneität und Flexibilität**. »Leben ist, was dir passiert, wenn du andere Pläne machst.« (John Lennon)

Viel Freude und Erfolg mit einer besseren Selbstorganisation wünschen Ihnen,
F.-K. Emmrich & C. Kaminski, GABO mbH, Bonn

Literaturverzeichnis

Däumling, Alf. M./Fengler, Jörg/Nellessen, Lothar/Svensson, Axel: *Angewandte Gruppendynamik*. Stuttgart 1974

Emmrich, Friedrich-Karl: *Besser im Job durch mehr Kreativität*. München 2002

Emmrich, Friedrich Karl (Hrsg.): *Häuptling Seattle: »... am Ende sind wir alle Brüder ...« Indianerprophetie als Einsicht in Ökologie und als Beginn einer Lebensform im Einklang*. Bonn 2002

Fink, Klaus-J.: *Bei Anruf Termin*. Wiesbaden 1999

Kelder, Peter: *Die fünf »Tibeter«*. München 1999

Lowen, Alexander: *Der Verrat am Körper*. München 1980

Rückle, Horst: *Mit Visionen an die Spitze*. Wiesbaden 1994

Watzlawick, Paul/Weakland, John H./Fisch, Richard: *Lösungen*. Göttingen 2001

Stichwortverzeichnis

Die Seminare zum Thema:

»Die Werte ›Freiheitlichkeit – Spaß – Effizienz‹ garantieren den hohen Lerntransfer der zielgruppenspezifisch zugeschnittenen, motivierenden Maßnahmen …«

(F.-K. Emmrich & C. Kaminski, Autoren dieses Buches)

Sie wollen Ihre Selbstorganisation weiter verbessern?

Dann:

Besuchen Sie uns im Internet: www.gabo-training.de

Oder:

Rufen Sie uns an: Tel. 02 28/65 22 88

Oder:

Fordern Sie unsere vollständige Seminarliste an!

Information & Anmeldung

GABO Bonn
Markt 24
53 111 Bonn
Tel. 0228/ 65 22 88
Fax 0228/ 65 22 23
www.gabo-training.de
e-mail: gabo-training@t-online.de